旅行社责任保险统保示范项目

旅行社责任保险
统保

2019年度
旅行社业风险蓝皮书

Blue Paper on Risk of Travel Agency Industry 2019

江泰保险经纪股份有限公司 编

中国旅游出版社

2019年度旅行社业风险蓝皮书编委会

主 任 委 员： 沈开涛

副主任委员： 唐兵、王玉玲、沈丹吉、杨刚、姜盛喜、沈杰、陈嘉一

委员会成员： 高金良、邵运州、朱怡恒、刘松岭、汤翼华、谢子豪、张鹏

2019年度旅行社业风险蓝皮书编辑部

主　　　编： 唐兵

副 主 编： 高金良、许华驰、张硕、王宝忠

编辑部成员： 闫锐梅、郑素洁、任立娜、韩影提、李敏、王河

编 写 单 位： 江泰保险经纪股份有限公司

中国人民财产保险股份有限公司

中国太平洋财产保险股份有限公司

中国平安财产保险股份有限公司

太平财产保险有限公司

中国大地财产保险股份有限公司

中国人寿财产保险股份有限公司

安康（北京）旅游安全评价咨询有限公司

前　言

　　2019年，国内旅游市场和出境旅游市场稳步增长，入境旅游市场基础更加稳固。全年，国内旅游人数60.06亿人次，比上年同期增长8.4%；入境旅游人数14531万人次，比上年同期增长2.9%；出境旅游人数15463万人次，比上年同期增长3.3%；全年实现旅游总收入6.63万亿元，同比增长11.1%；旅游成为推动我国及世界经济的重要力量。

　　旅行社业在国民经济稳中向好、国内旅游市场高速增长的经济形势下，产业绩效总体向好。然而，随着旅游经营模式推陈出新和旅游新业态出现、旅行社业务不断延伸、线上线下融合加深以及"散客化"程度日趋增高，行业所面临的各种新的风险因素必然对行业的发展产生重要的影响。2019年，旅行社业在日益变化的行业发展环境中，安全形势总体上保持稳定，但从外部看，旅行社仍要应对自然灾害、政治动荡、恐怖事件以及重大意外事故等各种错综复杂的风险挑战；从内部看，旅行社经营缺乏安全管理意识，预警和应急机制的不完善也是影响旅行社业安全的重要因素。

　　10年来，旅责险统保示范项目及其全面的风险管理机制为旅行社行业安全发展发挥了重大作用，为行业整体的风险管控和健康发展做出了突出贡献。示范项目共处理93039起案件，为旅行社业挽回经济损失7.34亿元，同时示范项目通过大量的风险管理实践，积累了宝贵的数据和经验。

年度蓝皮书通过对示范项目数据深度的分析，从自然环境、社会环境、内外部风险因素、变化趋势等多维度揭示了旅行社业的整体风险。同时，通过对典型案例进行评析，帮助旅行社防范风险、完善事故处理流程。

面对日新月异的旅游业态变化，旅行社业风险管理的提升成为当务之急。本年度蓝皮书的意义不仅仅是揭示行业风险，更重要的是凝聚共识：旅游风险的多样化、复杂性和长期性决定了风险治理手段必须综合化、源头化、专业化和智能化。旅责险统保示范项目在今后的几年中仍将继续发挥其示范作用，推动行业整体风险管理水平的提升。

CONTENTS 目录

上篇
2019年度旅行社业风险分析及展望

第一章　年度行业风险形势分析 ·· 3

　一、示范项目数据统计分析 ·· 3

　二、示范项目风险事件分析 ·· 7

　三、旅行社业风险总体形势及特点 ·· 16

第二章　旅行社产品服务风险与应对 ·· 21

　一、旅游交通服务 ··· 21

　二、景区游览服务 ··· 30

　三、游客住宿服务 ··· 35

　四、游客餐饮服务 ··· 39

　五、文娱服务 ··· 42

　六、旅游购物服务 ··· 49

第三章　涉旅突发事件分析 ··· 52

　一、涉旅自然灾害事件分析 ·· 52

　二、涉旅事故灾难分析 ·· 54

　三、涉旅公共卫生事件分析 ·· 57

四、涉旅社会安全事件分析 ·· 62

第四章 游客风险概况与特点 ·· 65

一、游客风险分析 ·· 65

二、老年游客风险分析 ·· 68

三、未成年游客风险分析 ··· 71

四、女性游客风险分析 ·· 73

第五章 风险专题分析 ·· 76

一、节假日旅游风险分析 ··· 76

二、出境游风险分析 ··· 79

第六章 旅行社业风险趋势展望 ·· 85

一、多元风险因素持续影响旅行社业 ··································· 85

二、风险管控水平是影响旅行社安全的内因 ························ 86

三、完善的旅游保险体系是旅行社业安全的重要保障 ············ 86

下 篇

2019年度旅行社风险事故及案例

第一章 意外伤害案例 ·· 89

一、游客在导游带领下翻越栏杆摔伤，旅行社承担主要责任 ·········· 89

二、游客跌落过山车轨道死亡，旅行社未尽安全保障义务，被判承担责任 ··· 94

三、七旬游客境外溺亡，意外险充足，化解纠纷 ························· 99

四、游客酒店意外触电身亡，并案处理，彰显调处优势 ············· 104

五、游客被大浪卷走，旅行社未尽安全防范义务，需承担责任 ······ 108

六、未成年游客摔倒致残，旅行社未尽安保义务，应承担责任 ······ 114

七、游客酒店摔伤，旅行社承担次要责任 ···················· 118

八、游客骑马摔伤，旅行社不能举证履行了安保义务，被判承担责任 ······· 124

九、游客自由活动期间溺水，旅行社尽到安保义务，无须承担责任 ········ 129

十、游客被海浪拍倒致终身护理，旅行社未尽充分警示义务，被判承担责任 ··································· 133

十一、游客走失意外死亡，旅行社未尽到安全保障义务，应承担责任 ······· 138

十二、老年游客浮潜溺水死亡，旅行社被判承担主要责任 ············· 143

十三、游客意外坠崖，自身未尽注意义务，承担主要责任 ············· 147

十四、游客在事故中存在过错，可减轻旅行社责任的承担 ············· 152

十五、游客快艇意外颠伤，旅行社未尽注意义务，应承担责任 ·········· 158

第二章　自身疾病案例 ································· 163

一、游客突发重疾，行程安排紧凑，旅行社被判承担同等责任 ········· 163

二、游客高原猝死，旅行社违约，被判承担责任 ················ 168

三、游客动车上死亡，旅行社存在过错，仍需承担责任 ············· 173

四、游客突发疾病，旅行社救助不及时，被判承担责任 ············· 178

五、游客猝死，旅行社承担与其履约瑕疵相适应的责任 ············· 182

六、游客突发疾病死亡，旅行社未尽安全防范义务，应承担责任 ········ 187

第三章　交通事故案例 ································· 194

一、涉旅交通事故，专业调处服务化解纠纷 ·················· 194

二、境外交通事故，旅责险先行赔偿解决纠纷 ················· 197

第四章　附加险旅程延误、取消案例 ······················ 203

一、领队证件过期致延误，加强人员管理防风险 ················ 203

二、未合理安排行程导致延误，旅行社承担巨额损失 ·············· 205

上 篇
2019年度旅行社业风险分析及展望

第一章　年度行业风险形势分析

一、示范项目数据统计分析

（一）年度示范项目案件趋势

2019年度旅行社责任保险统保示范项目共接报案 9161 起，案件总数比 2018 年下降11.3%。总体上，统保示范项目报案量自2010年至2013年呈直线上升趋势，年均涨幅16% 左右，自 2015 年后，报案量变化幅度不大。随着旅行社参保家数、旅行社年组织、接待人次的增加，风险随之增加，但案件量没有明显激增，说明在行业有效的风险管控、风险分担机制日趋完善的格局下，整体风险得到了基本控制，呈平稳趋势（图 1.1）。

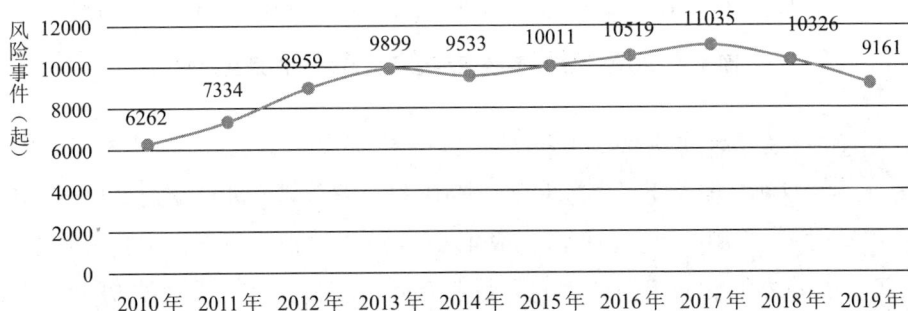

图 1.1　2010-2019 年旅责险统保示范项目案件情况

2019 年共接到 643 起重大案件的报案，其中在 2019 年发生的有 581 起 [本书重大案件指参加旅行社责任保险统保示范项目统保的旅行社在组织、接待的旅游活动中发生旅游者（含旅行社工作人员）至少 5 人重伤或 1 人以上（含 1 人）死亡，或一次造成至少 20 人（以报案人数为准）食物中毒（或肠胃不适）的旅游突发事件]。按照出险时间统计，其案发量峰值在 3 月、4 月、9 月及 10 月，重大案件量均在 60 起以上；1 月、2 月进入低谷，其他月份波动较为平缓，无明显特异性（图 1.2）。在重大案件事故类型中，以游客因突发疾病导致死亡的案件占比最高，占 68.0%，已经超过了重大案件的一半，游客健康风险逐渐成为旅游活动中的主要风险，重大案件的发生率也逐渐从传统的旅游旺季向春秋的季节过渡时期变化。

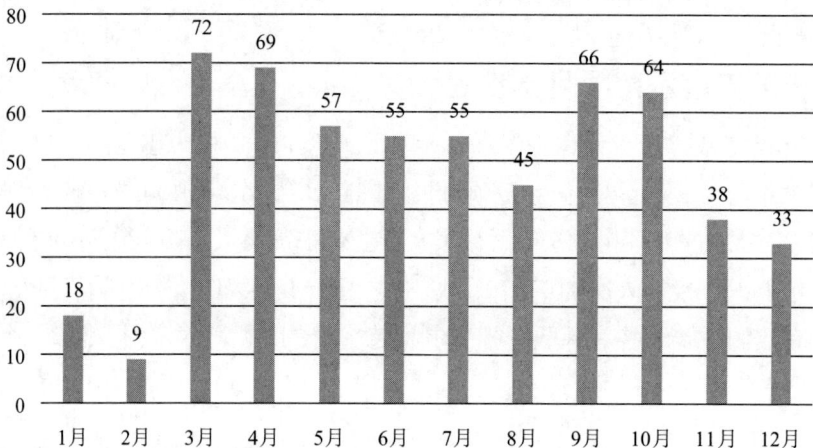

图 1.2　2019 年旅责险统保示范项目重大案件月度分布

交通事故仍然是旅游活动中致死、致伤率较高的风险之一。从 5 月份开始，境内几乎每月都有重大交通事故发生，其中"5·25"青海西宁交通事故造成 5 人死亡；"6·28"四川广元交通事故造成 4 人死亡；"7·21"辽宁本溪交通事故造成 4 人死亡。境外因交通事故死亡的人数占交通事故整体死亡人数的 51.1%，其中"5·28"俄罗斯海参崴交通事故，造成 2 人死亡，19 名游客受伤；"8·19"老挝琅勃拉邦交通事故，共造成 13 人死亡；"9·4"新西兰交通事故造成 5 人死亡，9

人受伤；境外交通事故风险尤其突出。

同时，重大案件中涉水事故频发，泳池溺水、海边溺水、浮潜等高风险水上运动意外的案件共造成 57 人死亡。"7·20"，山东威海，2 名游客在礁石上行走，被海水卷走，溺水死亡；"12·15"，1 名游客在泰国普吉岛浮潜时溺水死亡；"12·29"，2 名游客在菲律宾宿务参加海水项目时因风太大溺水身故。

（二）示范项目旅行社出险情况

本年度共有 2640 家旅行社出险，占参保旅行社总数的 11.7%。其中，单社年案件数超过 50 件的有 12 家，占整体的 0.45%；大于 20 件小于等于 50 件的有 47 家，占整体的 1.78%；大于 5 件小于等于 20 件的有 279 家，占整体的 10.57%；小于等于 5 件的有 2302 家，占整体的 87.20%（图 1.3）。

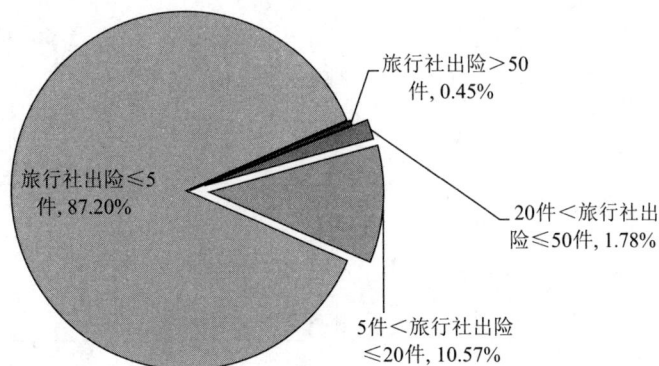

旅行社出险＞50件，0.45%

旅行社出险≤5件，87.20%

20件＜旅行社出险≤50件，1.78%

5件＜旅行社出险≤20件，10.57%

图 1.3　2019 年旅责险统保示范项目旅行社出险情况

区域分布上，湖南、云南两省旅行社的案件发生量较高，分列全国第一及第二，出险均超过 700 次，案发量与两省接待游客数量成正比。第三是广东组团大省，受台风、暴雨等地域风险影响，其延误、取消案件数量明显高于其他省市（表 1.1）。

表 1.1 2019 年旅责险统保示范项目旅行社出险分布情况

序号	地区	案件数（件）	序号	地区	案件数（件）
1	湖南省	897	16	安徽省	228
2	云南省	717	17	湖北省	198
3	广东省	675	18	广西壮族自治区	196
4	山东省	565	19	陕西省	194
5	福建省	549	20	山西省	187
6	四川省	495	21	河北省	186
7	海南省	468	22	黑龙江省	133
8	浙江省	457	23	贵州省	120
9	新疆维吾尔自治区	415	24	吉林省	93
10	江苏省	406	25	内蒙古自治区	87
11	重庆市	392	26	宁夏回族自治区	86
12	辽宁省	384	27	天津市	71
13	江西省	338	28	甘肃省	68
14	河南省	262	29	青海省	51
15	北京市	243	30	合计	9161

（三）示范项目经济损失构成

本年度，案件平均赔付金额为 25199.6 元，是社均保费的 2.8 倍。旅行社承担的责任赔款额在 10 万元以上的案件赔款占赔款总额的 46.1%。

从风险事件类型看，意外伤害造成旅行社经济损失金额最高，约为 2562.9 万元；其次是突发疾病造成经济损失，约为 1237.5 万元；第三是旅程延误，造成损失约 1100.8 万元。以上三类风险造成的损失占整体损失的 75.7%（表 1.2）。

表 1.2 2019 年旅责险统保示范项目旅行社损失情况

风险类型	旅行社经济损失情况（万元）
意外伤害	2562.9
突发疾病	1237.5
旅程延误	1100.8
交通事故	1002.1
旅行取消	440.2
其他人伤	40.5
财产损失	37.7
疑似食物中毒	30.5
其他非人伤	20.8

意外伤害是旅游过程中最常见的风险，景区、交通工具上、酒店成为意外伤害的高发场所。伤害类型以意外摔倒为主，造成的后果多为肢体软组织损伤及骨折。其易发性与旅行社、履行辅助人未能全面尽到安全保障义务密切相关，同时这也是造成旅行社经济损失较高的主要原因。

二、示范项目风险事件分析

（一）时间分布

本年度每月的风险事件变化，总体遵循风险事件集中发生在旅游旺季的规律。1~2 月，天气寒冷，加上传统节日合家团聚的习惯，旅游活动处于不活跃期，相应的风险事件数量少；3 月开始，天气回暖，随着旅游活动的逐步恢复，风险事件随之增加；5~10 月进入旅游旺季，风险事件总数占全年的 54.7%；7~8 月是旅游案件的高发期，并在 8 月份达到高峰，占全年旅游风险事件的 12.3%；11~12 月，天气逐渐转冷，旅游出行人数减少，旅游风险事件数量逐步降低（图 1.4）。

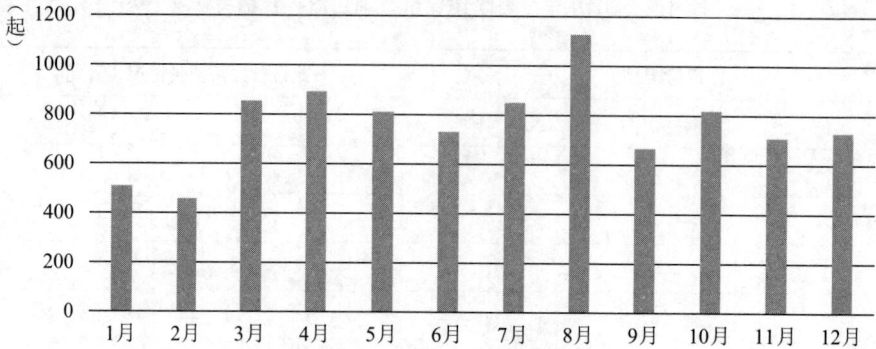

图 1.4   2019 年度旅游风险事件时间分布

从季节分布看，夏季的旅游风险事件占比最高，占全年 29.6%；其次为春、秋两季，分别占总数的 27.9% 和 24.0%；冬季则为全年最低，仅占 18.5%（图 1.5）。

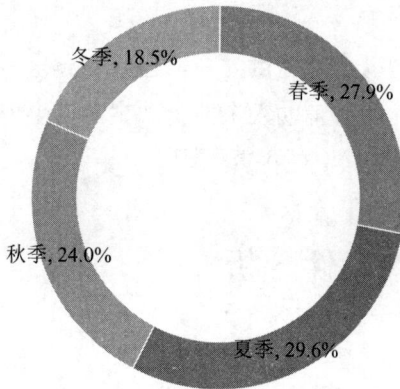

图 1.5   2019 年度旅游风险事件季节分布

旅游风险事件的发生率与旅游活动的淡旺季虽然仍呈现正相关，但与历年的数据相比，各月的风险事件数量的差距逐步缩小。从 2010 年开始，旅游旺季的风险事件数占比逐年下降，已经由 78.2% 降至 54.7%。随着旅游已成为国民生活的常态，游客出行时间越来越分散，错峰出游为淡季不淡奠定了客源基础，年假制度、带薪休假等一系列政策措施的推出实施，也为人们错峰休假创造了条件。银发族不受假期限制，上班一族拼假出游成为潮流，再加之，冰雪旅游、避暑旅游等创新旅游产品不断发展，这都使旅游市场呈现出淡季不淡的景象。与此同时，风险事件发生的集中性也在趋于淡化。

（二）区域分布

1.境内风险分布

本年度发生境内旅游风险事件 7084 起，占总案件量的 77.3%。境内出险地主要分布在旅游资源丰富、地域条件复杂的华东沿海地区及西南地区，合计占境内风险事件的 41.1%，其次为华南地区，占境内风险事件的 15.5%（图 1.6）。

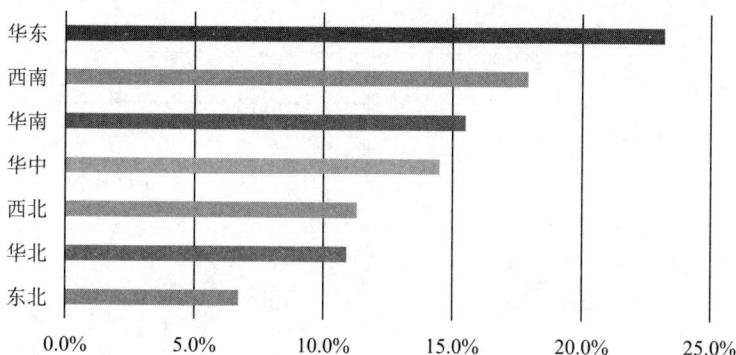

图 1.6 2019 年境内风险区域分布情况

旅游风险事件发生量前 10 位的分别为云南、海南、湖南、山东、新疆、浙江、广东、福建、北京和四川地区。云南和海南作为接待大省，发案率一直居高，这主要是由于两地旅游资源丰富，云南地区自然条件复杂多样且地形多山、气候多变，海南地区沿海易受台风暴雨影响且客流量较多。参考往年的旅行社公报数据，江苏、浙江、湖北等接待人数多，但案件数却相对不高，因此在旅游地客观条件变化不大的情况下，外在因素对案件发生概率的影响较大，一方面旅行社的安全保障义务履行情况等管理因素会影响发案概率，另一方面旅游者自身的安全意识、年龄结构等也是影响发案的一个重要因素，同时，当地特殊的地理条件引发的道路情况以及天气突变等其他外在因素也会影响发案概率。但是，对比上年数据，各省市数据占比趋于平均，风险事件发生量差距缩小，这或许与中国全域旅游背景下游客更加分散、各地旅游产业快速发展有关（表 1.3）。

表 1.3　2019 年境内地区风险事件分布

序号	地区	风险事件分布（%）	序号	地区	风险事件分布（%）
1	云南省	7.4	17	内蒙古自治区	2.9
2	海南省	7.3	18	贵州省	2.7
3	湖南省	6.0	19	河南省	2.7
4	山东省	5.6	20	湖北省	2.6
5	新疆维吾尔自治区	5.3	21	陕西省	2.3
6	浙江省	5.1	22	河北省	2.0
7	广东省	5.0	23	黑龙江省	1.9
8	福建省	4.5	24	上海市	1.6
9	北京市	4.1	25	甘肃省	1.5
10	四川省	3.7	26	青海省	1.4
11	江苏省	3.5	27	吉林省	1.4
12	重庆市	3.5	28	山西省	1.2
13	辽宁省	3.3	29	天津市	0.8
14	广西壮族自治区	3.2	30	宁夏回族自治区	0.8
15	江西省	3.2	31	西藏自治区	0.6
16	安徽省	2.9	32	合计	100.0

2. 出境游风险分布

2019 年出境旅游风险事件共计 2077 起，占总案件量的 22.7%。出境游出险地主要分布在亚洲，占境外风险事件总数的 82.7%，其中主要出险地为东南亚和东亚，分别占境外风险事件总数的 53.7% 和 24.1%；排在第二位的是欧洲，占比 9.9%。参考 2019 年旅行社公报数据，泰国、日本、越南、马来西亚这些国家是出境旅游组织人数排名较高的目的地，这与境外旅游风险的空间分布高度一致。由于地域、接待能力及自然气候等因素影响，各地区主要风险事件有所差别，其中，东南亚地区的主要风险事件为意外伤害，东亚地区主要为旅程延误（图1.7）。

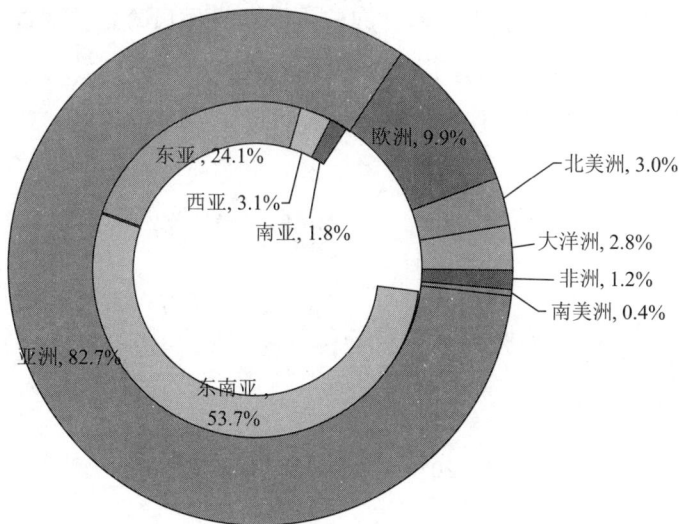

图 1.7　2019 年出境游风险事件空间分布

泰国是境外出游主要风险地区。统保示范项目数据显示，2019 年在泰共发生风险事件 442 起，占出境游风险事件总数的 21.3%；其次是日本，占 11.5%（图1.8）。

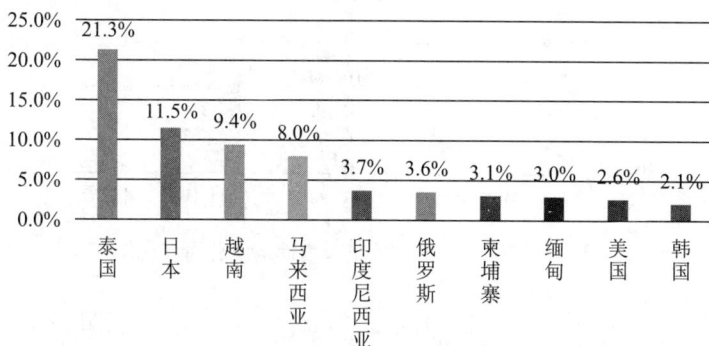

图 1.8　2019 年出境游风险事件发生地区 Top 10

（三）风险事件环节分布

在旅游活动中，"行"环节最容易发生风险事件，占总数的46.1%。该环节发生的事件包括人伤风险和旅程延误、取消类的非人伤风险。其次是"游"环节，占29.6%。"购"环节的风险较小，仅占0.2%（图1.9）。

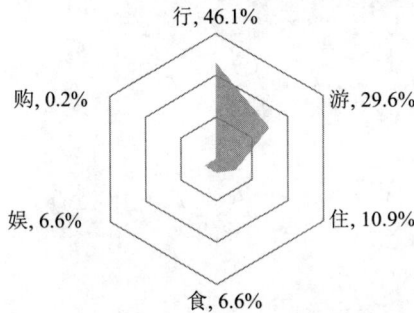

图1.9　2019年旅游风险事件环节分布

（四）出险场所分析

景区是游客出险率最高的场所，占32.6%；其次是机场，占22.9%，酒店/宾馆占16.9%（图1.10）。

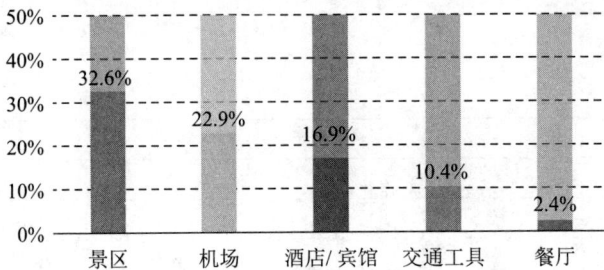

图1.10　2019年旅游风险事件场所分布Top5

意外伤害类案件出险率最高的场所是景区，55.8%的游客是在景区发生的意外。其次是酒店/宾馆，占意外伤害案件的17.8%。第三是旅游车，占8.7%（图1.11）。

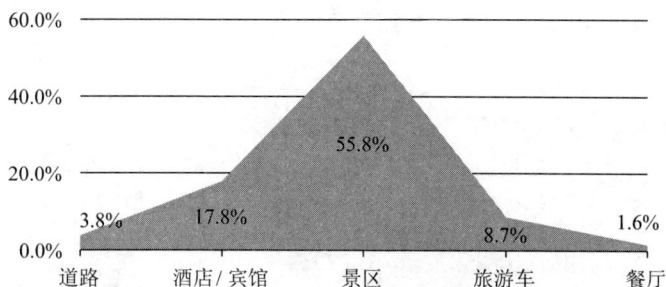

图1.11　2019年意外伤害风险事件场所分布 Top 5

（五）风险事件分析

2019年旅行社责任保险统保示范项目发生的9161起案件中，人身伤害案件6211起，占总数的67.8%；非人身伤害案件2950起，占32.2%。与2018年相比，案件数降低了11.3%；其中非人身伤害案件数减少明显，降幅达14.8%（图1.12）。

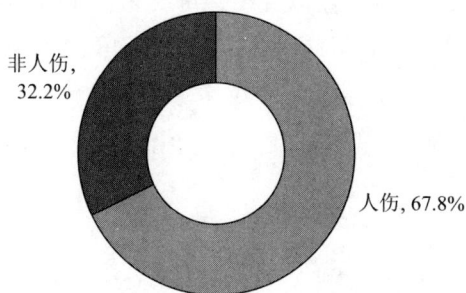

图1.12　2019年旅责险统保示范项目风险情况

人伤风险事件中，主要类型为一般意外伤害、涉旅交通事故、疑似食物中毒、高原反应、突发疾病和人员失踪等。其中，一般意外包括摔伤、撞击、坠落、动物咬伤、溺水和暴力伤害等。非人伤风险事件为旅程延误、旅行取消和财产损失等。

如前所述，意外伤害案件占比最高，占案件总数的48.5%；其次是旅程延误，占23.6%、突发疾病占14.8%、旅行取消占6.1%、涉旅交通事故占2.3%、财产损失占 2.0%、疑似食物中毒占 1.9%、其他非人伤占 0.5%、其他人伤占 0.3%（图 1.13）。

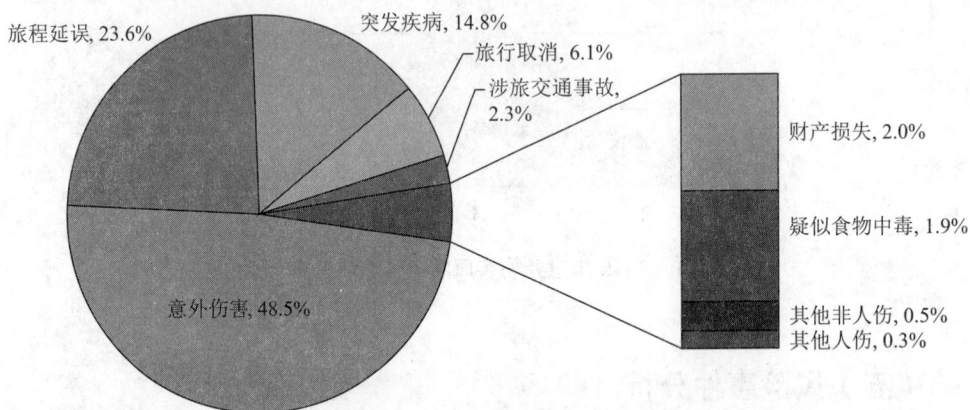

图 1.13　2019 年旅责险统保示范项目风险事件类型分布

人伤风险事件中，意外伤害占人伤案件的71.5%；其他依次为突发疾病风险占21.8%，涉旅交通事故占 3.5%，疑似食物中毒占 2.8%，其他人伤占 0.4%。与上年度相比，2019 年人伤类风险事件整体有所下降，降低了 9.5%。其中，意外伤害风险事件减少了 8.3%，突发疾病风险事件减少了 9.7%，涉旅交通事故减少了 13.9%，疑似食物中毒案件较上年降幅最大，降低了 32.1%（图 1.14）。

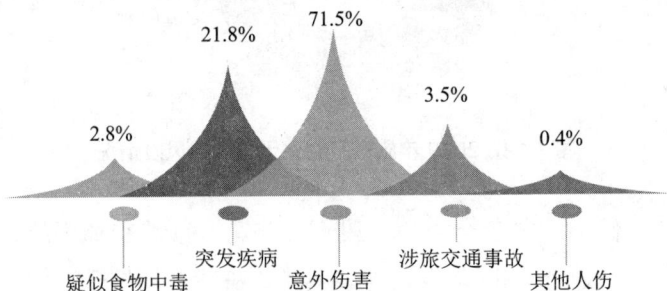

图 1.14　2019 年统保示范项目人伤类风险事件分布

其中，意外伤害、突发疾病、涉旅交通事故是最主要人伤风险。2019 年统保示范项目数据显示，旅游风险事件共导致 9884 人受伤、578 人死亡（图 1.15）。

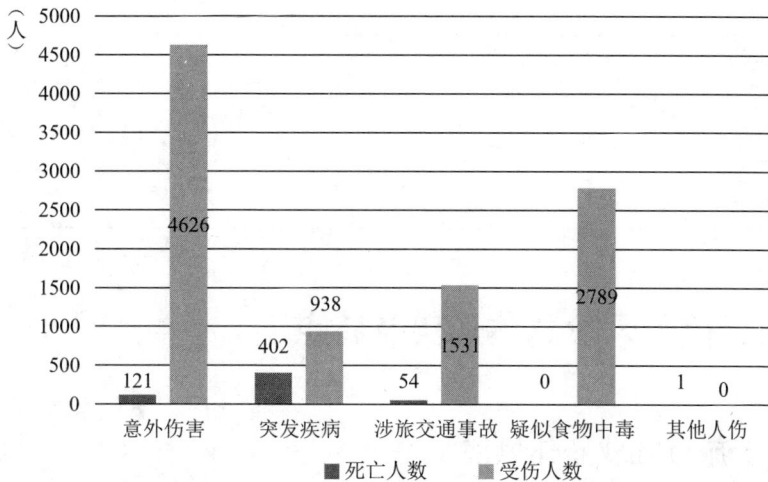

图 1.15 2019 年统保示范项目游客死伤风险

突发疾病、意外伤害、涉旅交通事故为三大致死风险。其中，突发疾病风险最大，造成 402 人死亡，占总死亡人数的 69.6%；其次为意外伤害风险，造成 121 人死亡，占 20.9%；涉旅交通事故风险，造成 54 人死亡，占 9.3%。可见，易造成群死群伤的涉旅交通事故风险在总体损害后果上，不及碎片化的突发疾病风险和意外伤害风险。从从另一个角度反映了涉旅风险的结构性变化。

意外伤害、疑似食物中毒、涉旅交通事故是主要的致伤风险。其中，意外伤害风险最大，造成 4626 人受伤，占总受伤人数的 46.8%；其次为疑似食物中毒风险，造成 2789 人受伤，占 28.2%；涉旅交通事故造成 1531 人受伤，占 15.5%。

在非人伤风险事件中，旅程延误风险最高，占非人伤风险的 73.4%。其次为旅行取消风险和财产损失，分别占 18.9% 和 6.1%。和 2018 年相比，非人伤风险事件总体减少了 14.8%（表 1.4）。

表 1.4 2019 年统保示范项目非人伤类风险事件类型分布

序号	事故类型	占比（%）
1	旅程延误	73.4
2	旅行取消	18.9

续表

序号	事故类型	占比（%）
3	财产损失	6.1
4	其他非人伤	1.6
5	合计	100.0

三、旅行社业风险总体形势及特点

（一）旅行社业整体风险平稳

随着居民出游的意愿和动机不断增强，旅游行业的快速发展，新业态不断涌现，出游人数的压力也为旅行社业带来了更多的风险。根据《中华人民共和国文化和旅游部 2019 年文化和旅游发展统计公报》数据显示：全年国内游客 60.06 亿人次，比上年增长 8.4%；入境旅游人数 14531 万人次，比上年同期增长 2.9%；出境旅游人数 15463 万人次，比上年同期增长 3.3%。随着旅游人数的增多，风险事件发生的概率也随之增加。纵观示范项目 10 年的数据，旅行社业风险事件呈上升后逐步下降趋势，自 2015 年以来，风险状况较为平稳，2019 年案件发生量较 2018 年相比，有小幅下降。尽管风险事件的发生概率增加，但旅游风险管理水平与应急能力不断提升，以隐患排查和风险分级管控为要务的双重预防机制建设全面开展，有效应对和妥善处置了各种不安全因素和突发事件，通过落实旅游安全责任制、强化旅游安全监管、规范旅游安全管理等措施，维护了旅行社业安全稳定的总体态势。

（二）旅行社业风险事件时间分布较为集中

旅行社业风险事件集中在旅游旺季。旅游接待地气候环境的变动性和旅游者闲暇时间的相对集中性导致旅行社经营的季节性，一般 4~10 月为经营旺季，相对的风险事件也随之增多。从数据来看出，旅行社业风险主要集中在 4 月、7 月、8

月这几个月，以暑期为代表时间段；此外春节、国庆长假期间游客数量会显著增加，风险也较为突出；清明节、五一、端午节、中秋节等三天小长假中，主题民俗游颇受青睐，乡村旅游热度不断攀升，这类旅游形式也带来了节假日期间的特殊风险。但是从历年数据变化来看，旅游产业的发展，各地丰富、独具特色的旅游资源的开发，安全而便利的交通条件，使得更多游客充分利用闲暇时间外出旅行，在冬季旅游淡季，冰雪游、海岛游也越来越受到游客的青睐，从而使得风险事件时间分布逐渐趋于不明显。

（三）旅行社业风险空间分布从局部地区集中趋于分散

2019年风险事件区域分布较为集中，境内风险地区有明显的分布特点，主要集中分布在旅游资源丰富、地域条件复杂的西南地区及华东沿海地区。从省市分布来看，以云南省、海南省较为突出，分别占境内总案件量的7.4%和7.3%。云南省、海南省两个地区天气较适宜旅游且旅游资源丰富，游客接待量大、地形复杂是这两个地区风险事件多发的主要原因。但是从历年数据可以看出，各省市数据占比趋于平均，风险事件发生量差距缩小。全域旅游背景下游客更加分散，与此同时旅行社业风险空间分布也从局部地区集中慢慢趋于分散。

从出境游案件空间分布来看，泰国仍占榜首，占整体境外案件数的21.3%；其次是日本，占境外案件总数的11.5%。泰国是中国游客最大的出境旅游目的地国家，中国游客出行人数每年递增，泰国旅游风险问题日益突出。从案件类型看，泰国地区风险较为集中在涉水风险及突发疾病风险；日本多发旅程延误、取消类案件。日本是自然灾害频发的国家，在日本发生的风险事件中，71.4%的案件均是旅程延误、取消类案件，其中大多数都是因为自然灾害、恶劣天气造成的。但是与上年相比，两地占比均有所下降，随着中国游客出境游需求不断增加，旅行社出境游线路的不断丰富，出境旅游风险空间分布在经历了小集中后，逐步趋于分散。

（四）死亡人数增加，游客旅途突发疾病风险依然严峻

虽然与上年度相比，2019年人伤类风险事件整体有所下降，降低了9.5%，但

是游客死亡人数却有小幅增长，涨幅达 4.0%。其中游客突发疾病是造成游客旅途中不幸身故的主要原因，占 69.6%。

从数据可见，突发疾病已经成为旅游活动中主要的致死风险。在无特大涉旅交通事故的情况下，突发疾病风险成为行业应对的主要威胁。游客旅游过程中突发疾病，一方面是患有疾病的游客缺少风险防范意识，在出游前没有做好身体检查、药物以及心理准备，一些不宜进行高强度旅游活动或旅途奔波的疾病，如高血压、心脏病、哮喘等在旅游途中猝发易造成游客伤亡；另一方面，旅行社行程安排紧凑，对游客的身体健康情况没有确实了解，没有尽到相应的提示义务，未告知其不适应参加的旅游活动，未采取有效的防范措施等加大了旅游者自身疾病发作的风险概率。全民健康风险状况的恶化、旅游者和旅行社对既往症在旅游活动中可能诱发突发疾病的严重性认识不足、防范不到位成为给双方造成重大损害的基本原因。

（五）出境游依然面临诸多安全风险，涉旅交通事故风险突出

2019 年出境游案件占整体案件的 22.7%。出境旅游对国际政治环境变化、极端自然灾害、公共卫生安全事件等敏感度较高，如法兰克福机场罢工、台风"利奇马"、新西兰南岛泥石流都对中国游客的人身安全及行程带来了影响，如一名中国游客在菲律宾被刺身故；境外涉水事故频发，菲律宾宿务 2 名中国游客参加项目时因风太大溺水身故，在泰国，1 名中国游客因浮潜溺水身故。涉旅交通事故风险尤为突出，较大级别以上的交通事故频发，2019 年 8 月 19 日，一辆载有中国游客的旅游大巴在老挝万象开往琅勃拉邦的路途中发生严重车祸，造成 13 人死亡，29 人受伤；2019 年 9 月 4 日，新西兰北岛罗托鲁阿市发生一起载有中国游客的旅游大巴侧翻事故，造成 6 名中国游客死亡，多人受伤。2019 年 5 月 28 日，一辆载有 48 人的旅游大巴在俄罗斯滨海边疆区发生交通事故，造成 2 名中国游客死亡，19 名中国游客受伤。境外交通事故造成的死亡人数占整体交通事故死亡人数的 46.3%。2019 年，135 人在出境旅游活动中死亡，出境旅游安全形势依然较为严峻，旅行社对出境旅游风险事件的管控和预防显得尤为重要。

（六）旅行社业风险的影响因素依旧复杂多变

2019 年影响旅行社业风险因素更为复杂多变，传统、非传统等各类风险因素依然存在。旅行社业风险鲜明地体现了多样性的基本特征。一是威胁旅行社业发展的传统意外风险，如交通事故、意外伤害、疑似食物中毒、溺水、财产损失等分布在六大环节，并与各环节的安全管理、行业管理休戚相关。典型的风险事件如"5·25"青海省发生一起交通事故，造成 5 名游客死亡。二是自然灾害风险和社会治安风险对旅行社业影响巨大；2019 年 8 月，共有 3 个台风登陆华东、华南地区，较常年同期多 1.2 个；其中，超强台风"利奇马"、台风"白鹿"等都对旅行社业带来巨大的影响，导致大量行程延误和取消；境外社会安全事件频发，中国游客遭遇偷盗、抢劫、欺诈等安全问题的风险时有发生。三是随着人们健康状况的变化，猝死、突发疾病等风险与旅游相伴，加大了旅行社的经营风险。风险的复杂多样性，为行业风险管理带来极大的挑战。

（七）风险管控能力影响旅行社业风险

示范项目数据显示，旅行社在意外伤害、突发疾病类型案件中承担责任的主要原因是旅行社未尽到安全保障义务，集中在未尽到安全说明及警示义务，未尽到救助义务及对老年人、未成年人等旅游者没有采取相应的安全保障等方面，说明产品设计、行程安排和供应商管理等环节中，风险管理意识薄弱和能力不足是造成旅行社承担责任风险的主要原因。

在旅程延误、取消风险事件中，仅次于天气及自然灾害的风险因素是旅行社工作人员失误导致的旅程延误、取消，占整体的 27.8%。旅行社工作人员失误常见于组织协调、行程安排、机票预订、证件审查等环节，多为旅行社人员组织能力不强、责任心不强、未按照规范流程操作等原因造成。

旅行社业面对诸多、日益变化的风险，应不断加强管理，在产品设计、行程安排和供应商管理等各个环节中，加强对旅游风险的管理意识和能力，同时形成自我管理、行业管理和第三方管理相辅相成的风险管理体系。

（八）新业态对旅行社业风险管理提出高要求

随着旅游产业体系日臻完善，旅游新业态层出不穷，探险旅游、微旅游、购物游、医疗游、养生游、研学旅游、高风险项目等高品质、个性化的旅游服务项目日渐成为主流。新业态存在不确定性和风险性，新业态旅游安全管理也存在空白。旅游新形态项目所衍生的新问题、新风险仍将是行业面临的棘手问题。旅游相关服务不配套、旅行社安全保障水平不足、导游安全管理意识缺失等原因都可能导致游客的财产损失和人身伤亡，因此新形态的旅游项目对旅行社的风险管理水平也提出了更高的要求。

旅游新业态在完善过程中，务必要处理好安全与发展的关系，既要避免急于发展、超前发展埋下的安全隐患，也要避免因怕承担风险，为安全而抑制发展的情况出现。安排的旅游项目需要保障好旅游者人身财产安全，应及时关注旅游目的地安全信息，根据相关部门发布的旅游目的地安全风险提示，采取相应措施。若自然环境的变化会增加旅游活动项目危险系数，应及时调整或取消。对新型的旅游产品应进行充分的风险评估，针对可能发生的紧急突发事件事先确定工作预案，明确责任体系，包括责任人、信息流转流程、应急处理等内容。

第二章 旅行社产品服务风险与应对

一、旅游交通服务

（一）风险分析

1. 时间分布

旅游活动"行"的环节中，从时间分布来看，风险事件发生与旅游出行量的变化密切相关，同时在一定程度上受到气候因素的影响。

进入春天之后，随着天气逐渐变暖，旅游活动逐渐增多，从 4 月份开始，风险事件逐渐进入频发期。8 月份事故发生数又达到一个峰值，并且高于 4 月份的发生数，之后随着旅游活动逐渐减少，事故数也随之降低（图 2.1）。

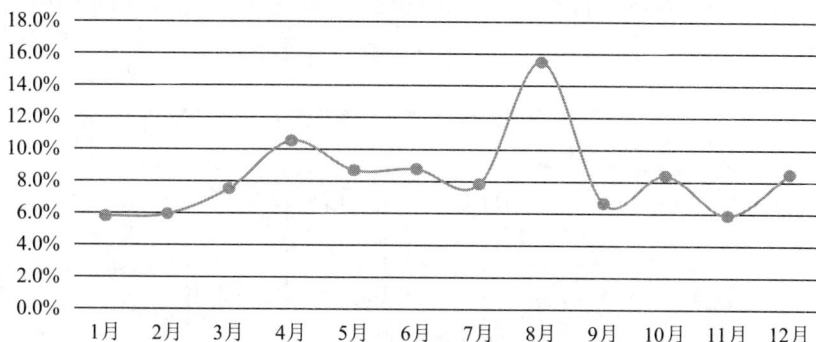

图 2.1 2019 年旅游交通风险事件时间分布

2. 案件类型分布

在旅游交通环节中，常见的风险事件类型是旅程延误，占 53.6%；其次是意外伤害，占 21.3%；排在第三位的是旅行取消，占 13.7%。从案件类型中可看出，旅程延误案件受天气、自然灾害等不可抗力的因素影响，难以防范，发生概率较高；意外伤害多发生在上下或乘坐交通工具时，包括不慎导致的意外摔伤和颠伤（图2.2）。

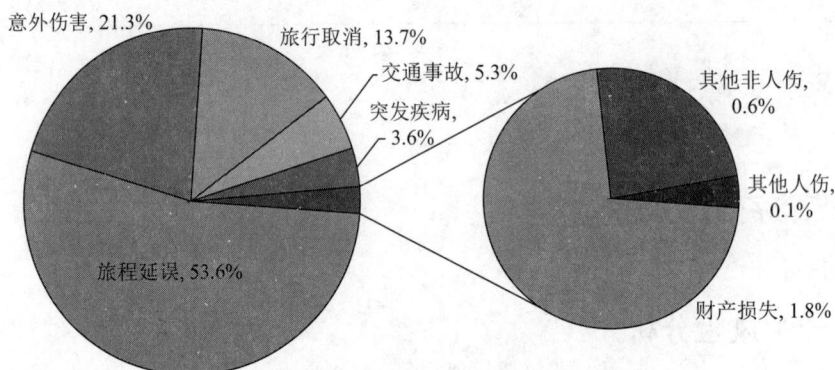

意外伤害, 21.3%　　旅行取消, 13.7%

交通事故, 5.3%

突发疾病, 3.6%

其他非人伤, 0.6%

其他人伤, 0.1%

旅程延误, 53.6%

财产损失, 1.8%

图 2.2　2019 年旅游交通风险事件类型分布

3. 出险场所分布

旅游交通环节风险（不包括旅程延误和取消）高发的场所在旅游车上，占53.2%；其次是道路上，占 13.9%；排在第三位的是火车上，占 5.3%。不同的场所，风险事件发生类型也不尽相同，旅游车上易发生交通事故、交通工具意外的风险事件；道路上易发生游客被第三方撞伤的交通事故、在行走时意外摔伤、扭伤等风险事件；火车上易发生摔伤、烫伤等风险事件（图 2.3）。

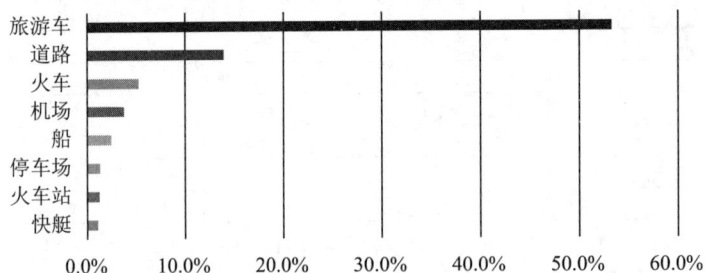

旅游车

道路

火车

机场

船

停车场

火车站

快艇

0.0%　10.0%　20.0%　30.0%　40.0%　50.0%　60.0%

图 2.3　2019 年旅游交通环节出险场所分布 Top 8

（二）旅游包车交通事故分析

1.时间分布

（1）按月份分布规律分析。从各月份事故发生的数量来看，5月、8月、9月及10月是事故多发月份，事故数的月份分布规律与旅游出行人数分布规律基本保持正比关系，其中8月、9月案件数量较大，分别占18.6%及12.4%；1月、2月及12月事故发生较少（图2.4）。

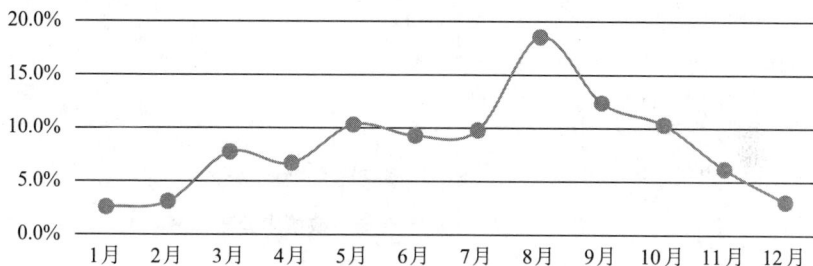

图2.4　2019年旅游包车交通事故时间分布

（2）按24时分布规律分析。从旅游包车交通事故24小时分布来看，上午10~11时，下午14~16时事故较多，其次是上午8~9时，下午17~18时（图2.5）。

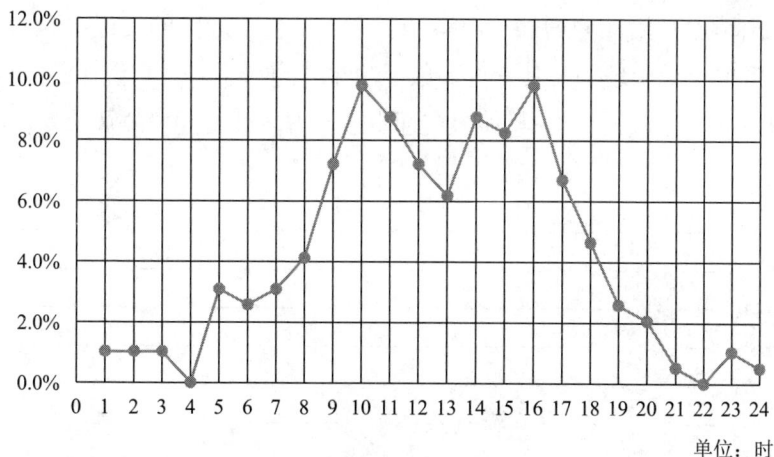

单位：时

图2.5　2019年旅游包车交通事故24时分布

2. 空间分布

旅游道路交通事故的分布呈现出较为明显的地域集中性和差异性特征。西北地区事故的占比最高，其次是西南、华东地区，华南、华北地区占比较平均，华中和东北地区占比相对较低（图2.6）。

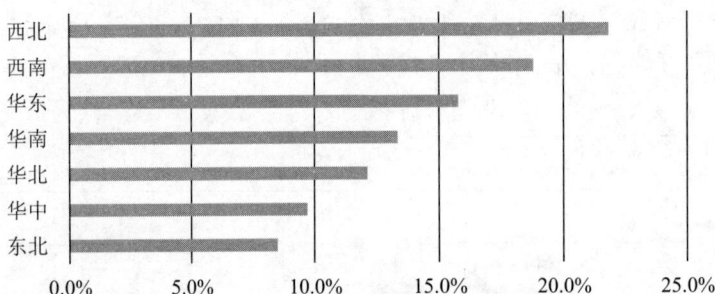

图2.6　2019年旅游交通事故境内分布

西北地区交通事故主要发生在新疆和青海，共占西北地区交通事故总数的72.2%，这与地理环境和旅游人次密切相关。西北地区近年来区域旅游业发展异常迅速，一方面，奇异秀丽的自然风光吸引了大量的游客；另一方面，西北地区自然条件复杂多样性突出，交通条件较为不利，客观上加剧了旅游交通安全风险。

随着出境旅游活动的增加，出境游（含港澳台）地区的交通风险有所增加。泰国作为主要旅游出境国，其交通事故风险事件也居于首位。统保示范项目数据显示，2019年在泰共发生13起涉旅交通事故，占境外交通事故风险事件的25.5%（图2.7）。

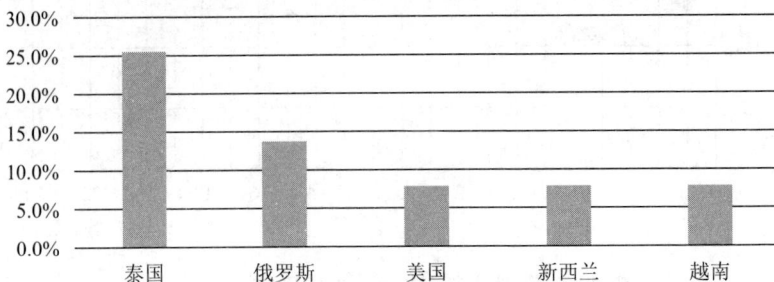

图2.7　2019年旅游交通事故境外分布 Top 5

3. 事故原因分析

旅游道路交通事故发生率不是最高，但往往造成群死群伤，社会影响较大。交通事故通常是由于人、车、环境、道路等多要素配合失调而意外发生的，根据统保示范项目的数据并结合道路交通事故的发生特点，分别从驾驶员、车辆、灾害原因及其他等方面统计其发生概率，驾驶员原因导致交通事故占比高达 84.7%，其中违章操作在驾驶员原因中的占比最大，占 38.9%。而由于车辆自身的原因和灾害导致的道路交通事故占比不高。随着旅行社、相关管理部门的安全管控能力不断提高，旅游车特别重大事故防范越来越受到重视，涉旅交通事故风险将持续下降（图 2.8）。

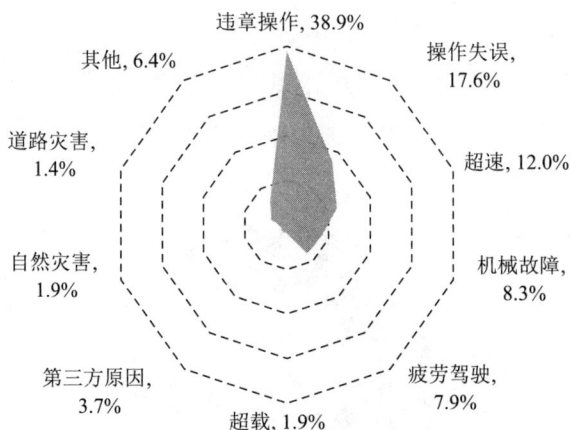

图 2.8　2019 年旅游交通事故原因分布

4. 事故形态分析

从事故形态看，单方事故多发，其中 67.9% 的事故都是车辆单方发生，多为单方碰撞、侧翻、翻坠等事故形态；其中单方碰撞占 41.9%，翻坠车事故占比最低，为 1.4%；车辆之间发生的事故中，多为车辆的正面、侧面碰撞以及追尾，其中正面、侧面碰撞占 17.7%，追尾占 14.4%（图 2.9）。

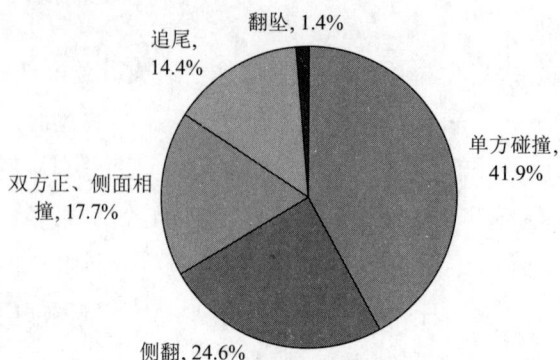

图 2.9   2019 年旅游交通事故形态分布

5. 车辆类型分析

从车辆类型看，大型客车事故突出，出险占比为 84.5%；其次为小型客车，占比为 10.3%；中型客车出险数较少，占 5.2%（图 2.10）。

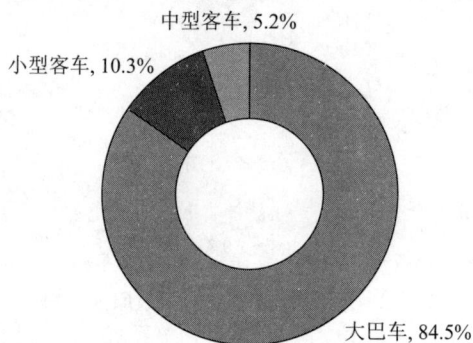

图 2.10   2019 年旅游交通事故车辆类型分布

（三）旅程延误、取消分析

旅程延误和取消是旅行社较常见的经营风险之一。数据显示，造成旅行社较大损失的延误、取消类案件的主要原因有二：一是自然因素，二是旅行社工作人员的操作失误。

1. 时间分布

从旅程延误和取消风险的时间分布来看，2019 年风险集中在 8 月份，主要是受天气的影响较为明显。2019 年 8 月多起台风登陆我国及周边国家，较常年同期偏多，对旅游业带来较大的影响，造成了极大的损失（图 2.11）。

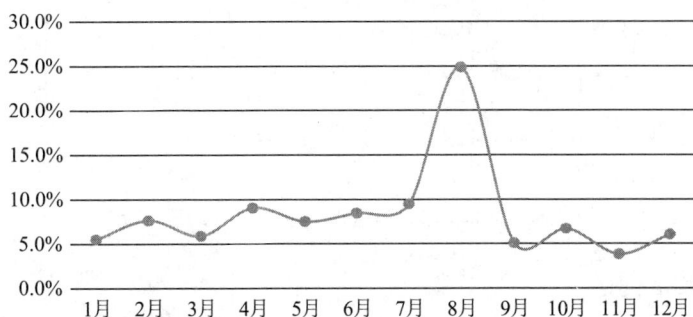

图 2.11　2019 年旅程延误、取消时间分布

2. 空间分布

从空间分布来看，旅程延误、取消案件主要分布在沿海地区、西南等地面交通不发达地区以及航班量较大的一线城市。容易造成延误、取消的排名前 10 位的城市分别为青岛、乌鲁木齐、北京、郑州、上海、广州、长沙、杭州、厦门及南昌（表 2.1）。

表 2.1　2019 年旅程延误、取消境内城市 Top 10

地区	占比
青岛	7.2%
乌鲁木齐	7.2%
北京	3.6%
郑州	3.6%
上海	3.2%
广州	3.0%
长沙	3.0%
杭州	2.9%
厦门	2.8%
南昌	2.3%

出境游旅程延误或取消风险的高发地区为日本、中国香港、中国台湾、泰国、美国等受恶劣天气影响较大的国家或地区（图2.12）。

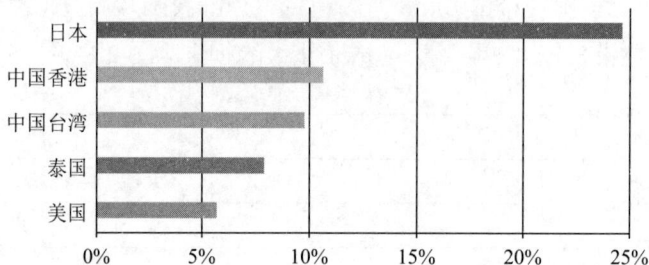

图2.12　2019年旅程延误、取消境外地区Top5

3.事故原因分析

（1）整体原因分析。自然灾害和恶劣天气是导致旅程延误、取消的首要诱因，占32.9%，主要包括地震、火山喷发、台风、雷暴天气、大雾等自然因素导致的航班不宜起飞和降落，列车、船舶停运；旅行社管理过失导致旅程延误、取消的占27.8%；社会安全事件占3.6%（图2.13）。

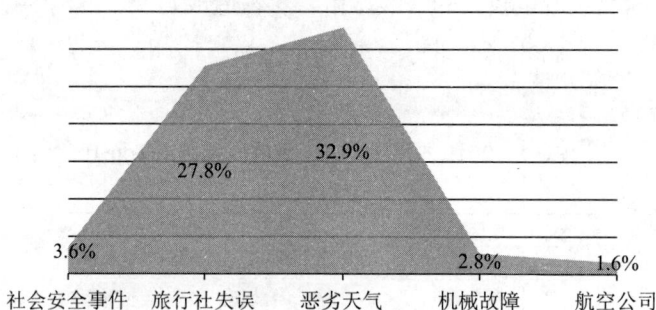

图2.13　2019年旅程延误、取消事故原因分布Top 5

（2）旅行社工作人员失误。旅行社管理过失常见于组织协调、行程安排、机票预订、证件审查等环节，多为旅行社人员组织能力不强、责任心不强、未按照规范流程操作等原因造成的失误，主要包括机票出错、计调过失、游客签证信息错误、未告知行程安排、行程安排过紧导致误机或行程取消等（图2.14）。

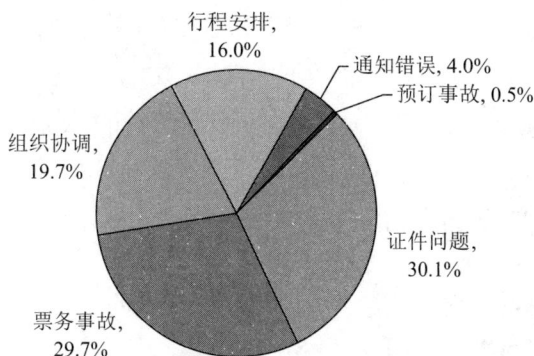

图2.14　旅行社工作人员失误类型分布

（四）风险控制措施

　　旅游交通是旅游活动中的重要环节，旅行社应加强对交通设施的选用、审核，加强与交通服务人员的沟通，提高应对交通安全问题的处置能力。

　　一是谨慎选择履行辅助人。旅行社在选择履行辅助人时，不仅应选择正规有资质的旅游车公司，还应了解车辆的保险情况，选择有实力并且有充足保险的旅游车公司及车辆，签订正式的委托协议或者合作协议，在合同中明确在交通事故中责任的承担及方式，这样不仅能降低旅行社的经营风险，在发生重大交通事故时，车方也不会推诿和回避，积极解决处理，保证旅行社的合法权益。

　　二是全面尽到安全提示义务。旅行社组织游客乘坐飞机、火车、船舶时，应向游客告知航空、铁路、船舶有关安全管理规定、安全须知，告知安全常识，提醒其注意安全设施。在乘坐旅游包车中，一方面，导游在上车之前应查验车辆资质、运营证件，并在行程中加强对驾驶的监督提醒，要注意驾驶员是否存在疲劳驾驶、超速等不良驾驶行为；另一方面，引导游客安全乘车，在行程前发放《游客安全乘车须知》、提醒游客系好安全带等。

　　三是对于行程中旅程延误、取消的风险，旅行社应时刻关注线路地区的天气预报情况及预警情况，制定恶劣天气的应急预案，及时对行程进行调整，降低不可抗力原因造成的经济损失。对于旅行社工作人员导致的延误，旅行社应加强内部管理，建立标准化操作规范，根据经验和数据合理安排行程，预留足够的登机时间、过关时间及换乘时间等。从数据上来看，27.8% 的旅程延误、取消案件都来源于旅行社工作人员的操作失误，这部分风险完全可以通过旅行社加强内部管理、培训得到有效降低。同时，此类风险可通过保险分担损失，通过投保包含旅程延误、旅行取消等责任的保险，在损失发生后，对属于保险责任范围内的损失，可以通过保险进行分担。

二、景区游览服务

统保示范项目数据显示，2019 年旅游景区共接到 2536 起风险事件的报案，分布在 31 个省、自治区、直辖市，共造成 138 人死亡，2440 人受伤。

1. 时间分布

从时间分布来看，各月份分布差异明显，与旅游淡旺季密不可分。游览活动中的安全事件较多的月份为上半年的 3 月、4 月、5 月和下半年的 7 月、8 月、10 月。在旅游旺季中，由于游客数量较多、部分景区应急措施不充分以及部分游客安全意识较为薄弱等原因，导致旅游安全事故发生的频率增加（图 2.15）。

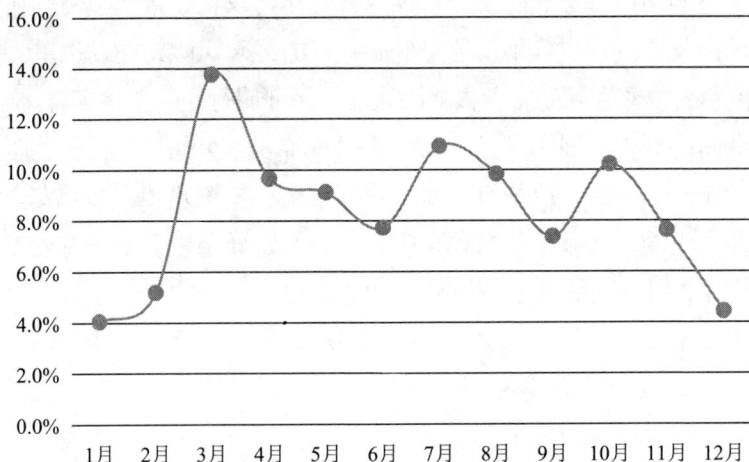

图 2.15　2019 年景区风险事件时间分布

2. 空间分布

从游览环节的风险事件地域分布看，有较为明显的地域集中性和差异性。2019 年景区突发事件主要发生在境内地区，占景区风险事件的 82.1%。整体上，各省（自治区、直辖市）景区风险事件分布空间较为广泛，境内主要风险地区为云南省和湖南省，分别占境内风险的 9.6% 和 7.7%；云南为景区风险事件的高发省份，由于云南旅游资源丰富，游客流量大，加之地处高原，自然条件复杂多样，游客发生人身意外的概率较大（表 2.2）。

表 2.2　2019 年景区风险事件境内空间分布

序号	地区	风险事件分布（%）	序号	地区	风险事件分布（%）
1	云南省	9.6	17	内蒙古自治区	2.7
2	湖南省	7.7	18	广西壮族自治区	2.5
3	海南省	7.3	19	新疆维吾尔自治区	2.5
4	浙江省	5.3	20	辽宁省	2.2
5	北京市	4.8	21	河南省	2.2
6	福建省	4.6	22	河北省	1.9
7	安徽省	4.5	23	黑龙江省	1.8
8	重庆市	4.3	24	吉林省	1.5
9	四川省	4.1	25	山西省	1.2
10	山东省	3.9	26	甘肃省	1.1
11	江西省	3.8	27	青海省	1.1
12	湖北省	3.5	28	宁夏回族自治区	0.9
13	江苏省	3.5	29	上海市	0.7
14	陕西省	3.5	30	西藏自治区	0.6
15	广东省	3.3	31	天津市	0.5
16	贵州省	2.9	32	合计	100.0

在出境游中，景区风险事件的高发国家为泰国，由于其旅游具有十分鲜明的地域特色，风险事件多发生在水域风光类景区，攀爬海边礁石、出海游玩时在船

上发生的意外伤害案件较多。浮潜溺亡类案件较上述意外伤害类案件虽数量较少，但其后果严重程度更甚（图2.16）。

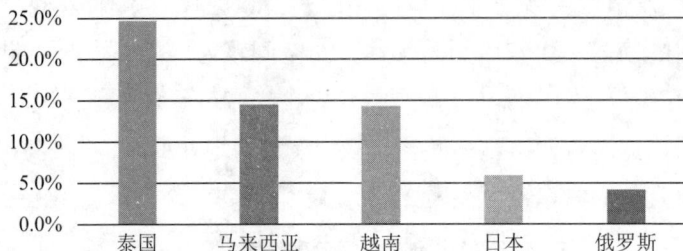

图 2.16　2019 年出境游景区风险事件空间分布

3. 风险事件类型分布

从旅游景区风险事件类型分布上看，2019 年景区风险事件类型包括意外伤害、突发疾病、财产损失、人员走失及其他，其中意外伤害类案件发生的次数最多，占 80.7%；其次是突发疾病类案件，占 16.2%；人员走失占 1.0%（图2.17）。

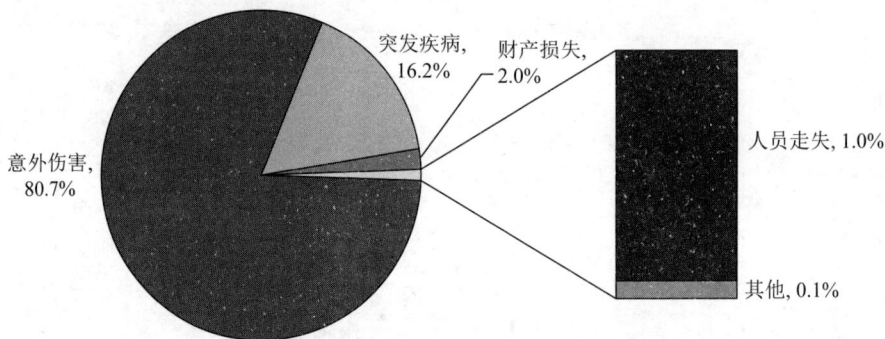

图 2.17　2019 年景区风险事件类型分布

4. 出险原因分析

游客在景区游览环节中，常见的出险原因是意外摔伤、扭伤，占 79.9%，此类案件多因景区台阶陡峭、坡度过大、地面湿滑，再加之游客来到相对不熟悉的环境，没有尽到对自身的安全保障责任，不重视景区的安全警示、游客须知等。

其次是动物伤害，占 4.4%。多为游客在景区被动物抓伤、咬伤。景区的管理疏漏、游客缺少自我保护意识以及实施不安全行为，是导致游客被动物抓伤、咬伤的主要原因。

排在第四位的是坠落事故，占 1.3%。景区坠落事故原因，一方面是游客安全意识薄弱，无视景区的安全警示，对于危险地区没有加以注意，导致不慎坠落；另一方面是景区安全防范措施不够，对于山崖、河边等易发生坠落事故的地方，没有进行风险警示并设置安全防范设施。

景区交通事故也是景区常见的风险事件，景区游客密度相对较高，尤其在节假日等旅游高峰期，游客数量往往超过景区承载量，此外游客乘坐景区内特殊交通工具时安全防范意识较弱，极易导致事故发生。景区内的特殊交通工具包括接驳车、缆车、游船等，该类设施设备不同于一般的交通运输工具，受自然天气、设备安全等因素影响较大。景区设施设备安全检查管理不到位、设备故障、工作人员和游客安全意识薄弱、景区地理形势复杂多变是事故发生的主要原因。例如 2019 年 3 月 14 日，云南昆明某景区，一名游客从电瓶车上摔下导致头部受伤，右侧肩锁骨骨折；10 月 28 日，一名游客在广东省某景区被电瓶车撞倒，经抢救无效后身故（表 2.3）。

表 2.3 2019 年景区风险事件事故原因 Top10

事故原因	风险概率（%）
意外摔倒	69.2
意外扭伤	10.7
动物伤害	4.4
坠落事故	1.3
景区交通事故/交通工具意外	0.9
意外烫伤	0.4
高空坠物	0.3
船务事故	0.3
治安事件	0.2
溺水	0.1

5. 意外伤害出险方位分析

景区道路是游客发生意外的高发场所，占 58.2%；其次是台阶，占 4.0%；排在第三位的是游船 / 游艇，占 2.9%（图 2.18）。

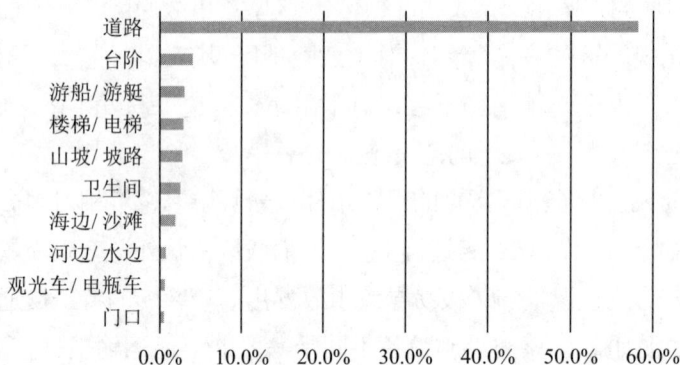

图 2.18　2019 年景区风险事件出险方位分布 Top 10

6. 风险控制措施

景区游览过程是旅游活动的主要过程，也是旅游风险管理的重要环节。旅行社应在做好组织、接待游览的同时，重点做好游览环节中的风险提示和安全防范工作。

（1）审慎选择游览景区，强化风险评估。旅游景区类型各异、环境复杂，识别旅游风险，评估风险状态，对旅游行业、旅游企业面临的风险进行全面评估是旅游安全管理的重要内容。旅行社在开发旅游产品时，应谨慎选择景区，对景区的安全设施、防范措施、应急处置能力和保险情况进行考察，同时全面认真评估景区游览时可能遇到的风险，保证提供的旅游线路不存在不合理的风险；在提供服务时，旅行社还应对景区存在的合理风险，采取必要措施防止危害发生。

（2）加强安全风险提示、警示。旅行社在游览环节中，应加强游客安全警示。旅行社在接待游客游览过程中，应当就可能发生危及游客人身、财物安全的情况，正确使用相关设施、设备的方法，必要的安全防范和应急措施，未向旅游者开放的经营、服务场所和设施、设备，游客不适宜参加相关活动的群体等内容向游客作出真实说明和明确警示。风险提示内容一般涵盖了自然灾害风险、公共卫生风险、事故灾难风险以及社会安全风险等方面。同时，旅游企业包括旅行社、景区等应更深入细化风险提示内容，对旅游目的地运用大数据绘制风险地图，进行分级划分，通过"智慧旅游"，在游客旅游全过程都提供相应的针对性风险提示，进一步提升风险防范的能力。

（3）提升突发事件应对能力，提高从业人员应急救助技能。旅行社应加强从业人员和管理人员的旅游安全应急理念、知识和技能的培训；建立起周密的安全应急反应机制与预案，切实提高旅游企业的应急处置能力。同时，应加强一线旅游从业人员的应急救助技能培训，包括现场急救、创伤急救、心肺复苏等应急技能，掌握必要的、基本的救护知识和应急技能，有助于提高从业人员对突发事件的应急处理能力，提升旅行社的安全管理水平。

三、游客住宿服务

旅游住宿具有公共性特征，面临的内外部环境较为复杂，高度的开放性和人员流动性使其成为风险事件的频发地点。

1. 时间分布

从时间分布上来看，旅游住宿场所发生风险事件月份分布不均，高峰出现在4月及5月，分别占全年旅游住宿业意外伤害风险事件的12.7%及11.3%；其次是3月、7月、10月，表现出明显的淡旺季两极分化趋势（图2.19）。

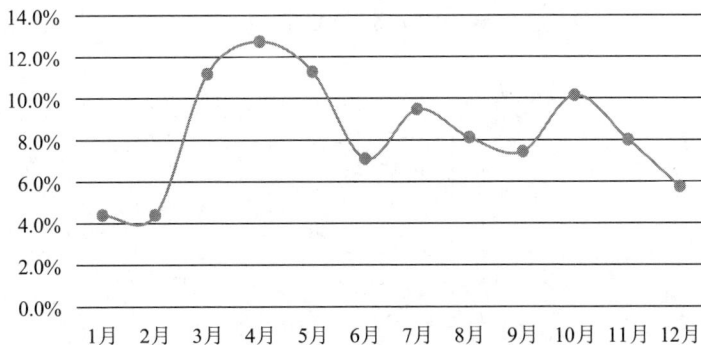

图 2.19 2019 年旅游住宿风险事件时间分布

2. 空间分布

从空间分布来看，西南及华南地区住宿场所发生案件较多，分别占 23.4% 及 22.8%，其次是华东、西北地区。住宿场所风险事件的空间分布情况与旅游资源丰富、游客人流较高的地区显著一致（图 2.20）。

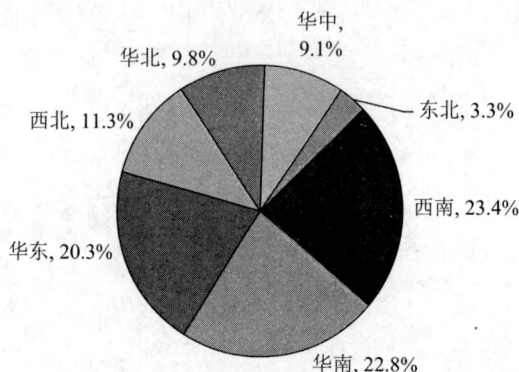

图 2.20　2019 年旅游住宿风险事件空间分布

3. 风险事件类型分布

从旅游住宿风险事件类型分布上看，2019 年旅游住宿风险事件类型包括意外伤害、突发疾病、财产损失、人员失踪、自杀等，其中意外伤害类型案件发生的次数最多，占 63.5%，其次是突发疾病类案件，占 32.7%，自杀占比最低，占 0.1%（图 2.21）。

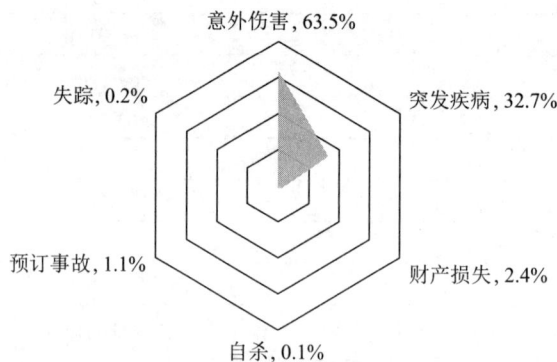

图 2.21　2019 年旅游住宿风险事件类型分布

4. 意外伤害风险发生原因

在意外伤害类案件中，意外摔伤案件发生占比最高，占71.8%。其次是设施、设备陈旧等质量问题或老化及故障问题引发的意外伤害事件的发生。酒店玻璃爆炸事故、设施损坏、设施掉落造成的游客受伤发生频率高，较为普遍；其中，因酒店、卫生间玻璃爆炸或由玻璃破损造成的事故发生率最多，占酒店设施、设备事故的59.0%；因设施损坏造成旅游者人伤事故的占28.2%，如卫生间洗脸盆损坏、掉落或天花板掉落造成的意外砸伤、划伤事故（表2.4）。

表2.4　2019年旅游住宿意外伤害风险事件原因分布

序号	事故原因	占比（%）
1	意外摔倒	71.8
2	设施问题	6.6
3	意外撞伤、磕伤	5.1
4	意外扭伤	5.0
5	意外划伤、夹伤	2.5
6	动物伤害	1.7
7	意外烫伤	1.3
8	坠落事故	1.3

酒店防范措施、安全提示不到位，旅行社未尽到告知义务，旅游者安全意识不足都是造成旅游者发生意外伤害的主要因素。另外，住宿与景区游览活动相比较为私密，导游或领队难以尽到实时安全提醒义务，旅游业住宿意外伤害风险事件防范难度较大。

5. 意外伤害风险出险方位分析

事故多发地点为酒店卫生间，占30.3%。卫生间地面湿滑，易造成旅游者人身伤害事故，且与其他场所发生的意外伤害结果相比，其造成的人伤后果较重，多为手腕骨折、头部摔伤或髋部摔伤，尤其是老人或小孩更容易发生严重的意外事故。其次是客房，占8.6%。排在第三位的事故多发地点为楼梯，占5.3%（表2.5）。

表 2.5 2019 年旅游住宿意外伤害风险事件场所分布 Top10

序号	场所	风险概率（%）
1	卫生间	30.3
2	客房	8.6
3	楼梯	5.3
4	门口	5.1
5	道路、走廊	3.8
6	床	3.5
7	台阶	2.1
8	电梯	1.5
9	大堂	1.0
10	游泳池	0.5

6. 突发事件的类型分布

在游客住宿环节中，个人疾病事件占比最高，占 79.8%，多为游客在住宿环节中突发疾病，其中猝死、心脏病、脑卒中较为多发；其次是事故灾难，占 13.8%，事故灾难中发生数量最多的是设施事故，其中玻璃门破碎、旋转门夹人事故较多；社会安全事件占 6.4%，主要是偷盗和抢劫，其中偷盗占比最高，占社会安全事件的 76.0%。本年度没有自然灾害事件导致游客在住宿过程中的人身和财产损失（图2.22）。

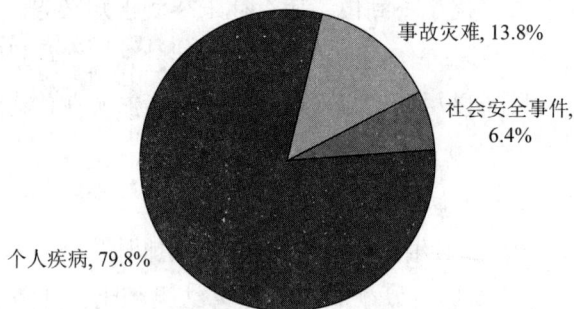

图 2.22 2019 年旅游住宿突发事件类型分布

7.风险控制措施

旅行社住宿服务安全管理不仅包括旅行社自身应做到的对住宿中安全问题的预防和控制，还应提高游客的安全意识，防范游客风险事件发生。

（1）旅行社应审慎选择住宿场所，应选择符合有关质量标准，具有完善的安全设施和安全保卫措施，能切实保障旅游者的人身、财产安全的住宿场所。建立合作关系时要选择资质齐全、实力雄厚、规模化、品牌化且知名度高的公司，并明确双方的权责，还应监督提供旅游服务的住宿企业的服务质量，以便将风险有效降低。

（2）旅行社应对住宿地的安全设施、安全管理方面进行风险评估，了解酒店在洗手间、楼梯、电梯间等容易发生安全事故的地方，是否设置安全宣传标识，是否全面详尽地向游客进行风险告知并提示安全注意事项。

（3）旅行社应广泛地对游客进行安全意识宣传教育，在游客入住时，向游客介绍和宣传安全方面的知识，提供必要的救援辅助，提高游客安全意识及自救能力。

四、游客餐饮服务

饮食是旅游活动六要素中重要的一环，旅游餐饮安全是旅游者获得良好旅游体验的重要因素。全国各省、自治区、直辖市都对旅游餐饮安全加强了重点防范与管理，通过对节假日等高风险时段、重点食品以及问题多发的经营主体的监督检查，提升了旅游市场食品安全保障水平。发生在旅游过程中的餐饮公共卫生事件较少，但由于旅游活动的特殊性，旅游餐饮业风险事件类型多样，旅行社风险防范难度大。

1.时间分布

从旅游餐饮风险事件发生月份来看，事件分布与旅游市场情况基本一致，主要集中在 7 月、8 月旅游旺季，其中 7 月份的数量居全年第一，占全年旅游餐饮风险的 18.1%。7~8 月是暑期旅游旺季，温度高、湿度大，微生物易生长繁殖，是餐饮中毒事件的易发、高发时间段（图 2.23）。

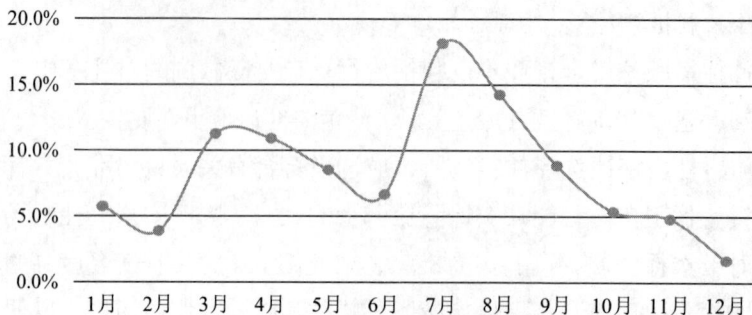

图 2.23 2019 年旅游餐饮业风险事件时间分布

2. 空间分布

旅责险统保示范项目数据显示，2019 年旅游餐饮风险事件境内高发地区为西南地区，主要出险省份为海南、重庆、云南。旅游餐饮风险事件有明显的区域性特征，和旅游接待人次、当地特色饮食密切相关，海南海鲜较多，重庆、云南地区特色饮食丰富且以辛辣为主，对于饮食习惯较为清淡和肠胃敏感的人来说，易引发急性肠胃疾病，老年人尤甚（图 2.24）。

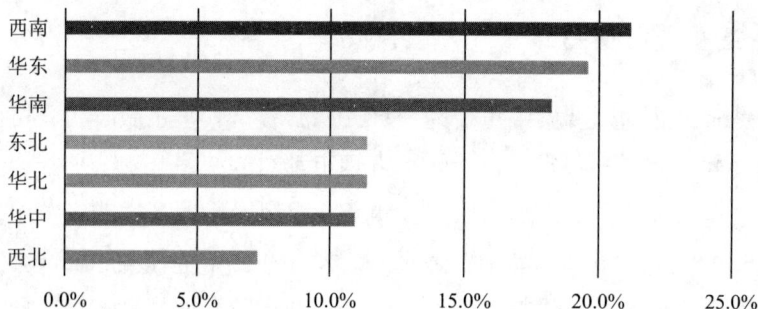

图 2.24 2019 年旅游餐饮风险事件境内空间分布

境外高发国为泰国，占出境游餐饮风险事件的 33.6%，远高于其他国家。泰国跟团游饮食多为冷冻海鲜的自助餐，易引起肠胃不适。

3. 风险事件类型

根据旅责险统保示范项目数据分析，游客在用餐过程中，最易发生的风险事件为意外伤害，占 35.9%，主要为游客因餐厅或卫生间地面湿滑造成的意外滑倒摔伤；其次是突发疾病，占 32.3%，多为游客因食用的食物不适，突发急性肠胃炎；疑似食物中毒占 29.7%；财产损失占 1.9%，多为游客在吃饭时，随身的物品被盗窃（图 2.25）。

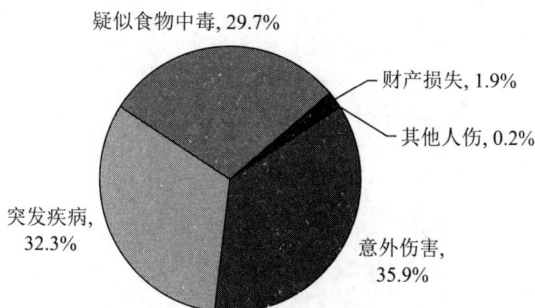

图 2.25 2019 年旅游餐饮风险事件类型分布

4. 出险原因分析

分析游客出险原因，疑似食物中毒是游客在餐饮环节中常见的出险原因，占 29.7%。2019 年旅游餐饮环节中，共有 35 人死亡，3162 人受伤。疑似食物中毒造成 2789 人受伤，与其他风险因素相比，影响范围广，容易造成群体性伤害。其次是意外摔倒，占 24.0%；游客罹患急性肠胃炎占 13.9%；游客猝死，占 3.5%。2019 年旅游餐饮环节中，游客死亡均为既往症引起的猝死事故（图 2.26）。

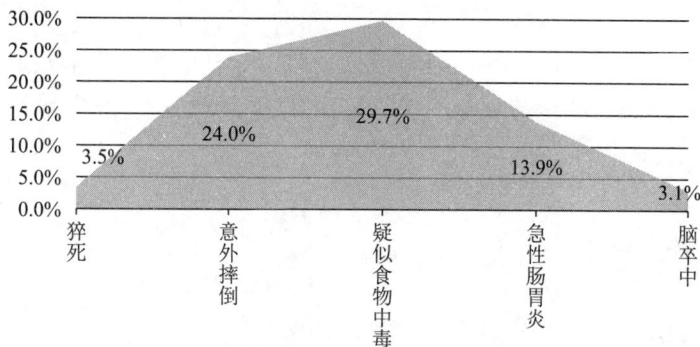

图 2.26 2019 年旅游餐饮风险事件出险原因 Top 5

5. 突发事件类型分析

旅游餐饮突发事件的类型呈多样化特点，以个人疾病和公共卫生事件为主，两者约占 94.7%，其中疑似食物中毒具有群体性爆发、可控性差的特点，易对游客的人身造成伤害（图 2.27）。

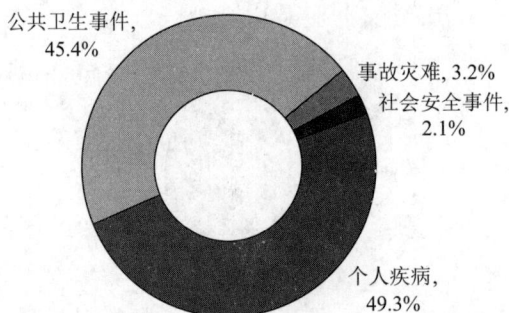

图 2.27 2019 年旅游餐饮突发事件类型分布

6. 风险控制措施

（1）选择合格的供应商。旅行社在选择用餐场所时，应符合有关标准要求，不得安排团队到无卫生许可证、无营业执照、卫生条件差的餐饮场所就餐，所选的餐饮场所应保证有相应的安全设施。旅行社在选择餐饮提供者应选择经营规范、资质良好、注重声誉、抗风险能力强的餐饮企业，并签订长期合作协议、明确双方的责任。

（2）加强对游客餐饮安全宣传培训。部分旅游者对食品卫生饮食安全意识不强，在旅游过程中，自由活动期间多选择一些口味好、价格低的大排档或者无证经营、卫生环境较差的场所就餐，极易发生风险事件。旅行社应加强对游客的提示，以避免事故的发生。

五、文娱服务

1. 时间分布

旅游娱乐风险事件发生较多的月份为 7 月和 8 月，占风险事件总数的 23.3%。

7、8月份正值暑假期间，出行人数大大增多，而且青少年等年轻人更容易接受和喜爱新奇、刺激的旅游娱乐项目，因此风险事件发生量也较集中（图2.28）。

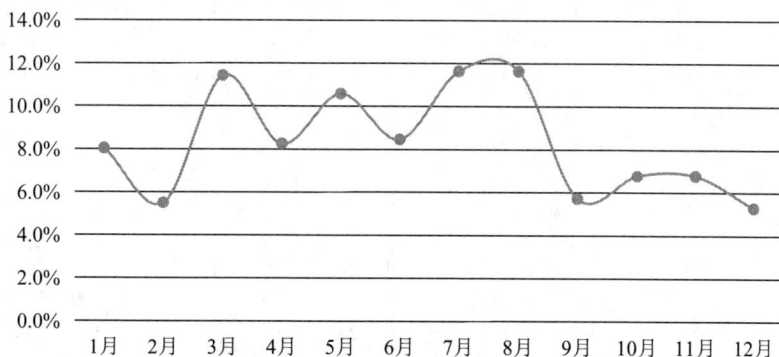

图2.28 2019年文娱风险事件时间分布

2. 空间分布

从风险事故发生的地域来看，境内旅游娱乐场所风险事件占66.9%，出境游风险事件占33.1%。境内主要风险地区为内蒙古自治区、湖南省及云南省，分别占境内风险事件的16.1%、8.8%及8.3%。内蒙古、云南风险事件主要是骑马受伤；湖南风险事件主要为漂流活动意外。出境游主要风险地区为泰国，占境外风险事件的46.6%，主要风险事件为浮潜、海底漫步等水上娱乐项目造成的溺水甚至死亡（表2.6）。

表2.6 2019年文娱风险事件境内分布

序号	地区	风险事件分布（%）	序号	地区	风险事件分布（%）
1	内蒙古自治区	16.0	7	安徽省	4.7
2	湖南省	8.8	8	浙江省	4.7
3	云南省	8.3	9	广东省	4.4
4	海南省	7.5	10	江西省	3.9
5	黑龙江省	5.4	11	广西壮族自治区	3.4
6	辽宁省	5.2	12	福建省	3.1

续表

序号	地区	风险事件分布（%）	序号	地区	风险事件分布（%）
13	河南省	2.6	23	湖北省	1.3
14	吉林省	2.6	24	重庆市	1.3
15	山东省	2.6	25	陕西省	1.0
16	北京市	1.8	26	山西省	0.7
17	甘肃省	1.6	27	天津市	0.5
18	贵州省	1.6	28	宁夏回族自治区	0.2
19	河北省	1.6	29	青海省	0.2
20	江苏省	1.6	30	上海市	0.2
21	四川省	1.6	31	合计	100.0
22	新疆维吾尔自治区	1.6			

3. 突发事件类型分布

数据显示，旅游娱乐活动安全突发事件主要为事故灾难类，多因游客缺乏安全意识、工作人员操作不当、设施设备故障等因素引起的游客人身或心理伤害事件，如不听劝阻擅自下海溺亡、无视景区规定擅自投喂动物造成的损伤。其次是个人疾病事件，有些娱乐活动不适合一些患有疾病的游客参与，一方面游客对自身的身体状况没有合理判断，另一方面旅行社对不适合参加娱乐项目的游客没有尽到提示、警示的义务，导致游客选择不适合身体条件的娱乐活动，诱发游客突发疾病的发生（图2.29）。

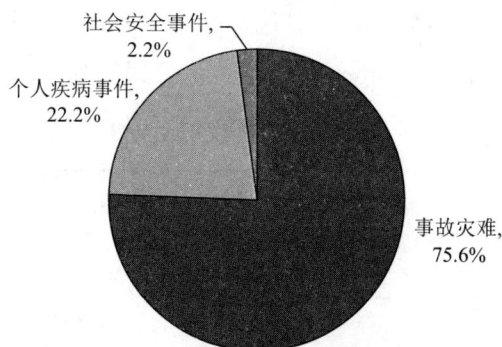

图2.29　2019年文娱突发事件类型分布

4.高风险旅游活动风险分析

（1）时间分布。高风险旅游风险事件主要集中在7月、8月，占事件总数的29.4%；8月份案件数达到峰值，占事件总数的15.5%，多为水上项目发生的风险事件；但各月份的风险事件分布已趋于平均。新兴高风险旅游活动不断发展，使得高风险旅游活动参与的人群、参与时间不再集中在旅游旺季，因此风险事件时间分布差异性也在减小（图2.30）。

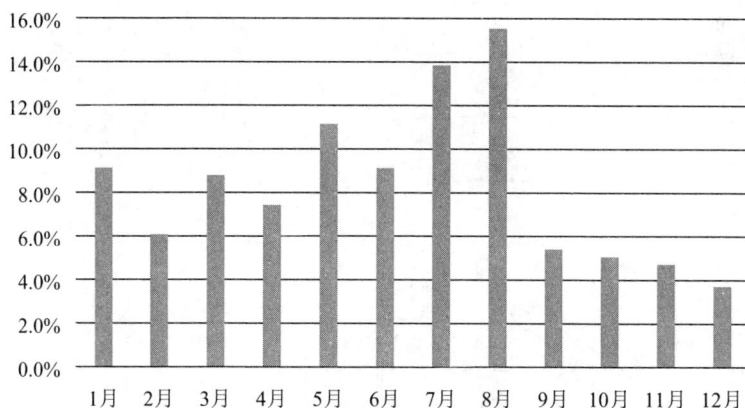

图2.30　2019年高风险旅游风险事件时间分布

（2）空间分布。境内高风险旅游风险事件发生区域覆盖了29个省、自治区和直辖市，占风险事件总数的 66.4%，其中内蒙古、云南、黑龙江地区的案件发生较多，分别占 21.9%、8.0% 及 7.6%；高风险旅游类型多为骑马、滑雪（表 2.7）。

表 2.7　2019 年高风险旅游风险事件境内空间分布

序号	地区	风险事件分布（%）	序号	地区	风险事件分布（%）
1	内蒙古自治区	21.9	16	广西壮族自治区	2.0
2	云南省	8.0	17	贵州省	2.0
3	黑龙江省	7.5	18	河北省	2.0
4	辽宁省	6.3	19	湖北省	1.6
5	海南省	6.0	20	新疆维吾尔自治区	1.6
6	湖南省	5.2	21	陕西省	1.2
7	安徽省	4.7	22	重庆市	1.2
8	江西省	4.0	23	北京市	0.8
9	广东省	3.6	24	江苏省	0.8
10	吉林省	3.6	25	四川省	0.8
11	浙江省	3.6	26	宁夏回族自治区	0.4
12	河南省	3.2	27	青海省	0.4
13	福建省	2.4	28	山西省	0.4
14	山东省	2.4	29	天津市	0.4
15	甘肃省	2.0	30	合计	100.0

出境游高风险旅游风险事件占事件总数的 33.6%，其中泰国、印度尼西亚及马来西亚的案件发生较多，分别占 45.7%、14.2% 及 11.8%，高风险旅游类型多为水上高风险体育项目（表 2.8）。

表2.8　2019年高风险旅游风险事件境外空间分布

旅游目的地	风险概率（%）
泰国	45.7
印度尼西亚	14.2
马来西亚	11.8
越南	10.2
土耳其	4.7

（3）类型分布特征。据数据统计分析，高风险体育项目是发生风险事件最多、损失最大的项目类别，占全部高风险旅游风险事件的80.7%，造成了38人死亡，占高风险导致死亡人数的92.7%，造成324人受伤，占高风险导致受伤人数的82.0%；其次是高风险特种设备类的旅游项目，占9.3%（图2.31）。

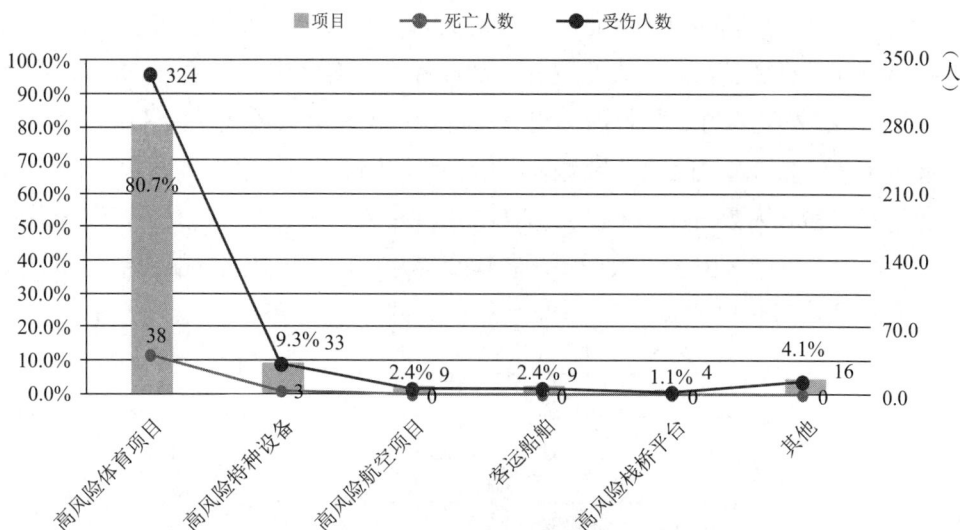

图2.31　2019年高风险活动项目类型分布

具体高风险活动项目中，骑马、游泳、漂流活动发生的风险事件较多，分别占17.5%、13.0%及10.6%，造成26人死亡，146人受伤（表2.9）。

表 2.9　高风险活动项目分布 Top10

序号	高风险活动项目	占比（%）
1	骑马	17.5
2	游泳	13.0
3	漂流	10.6
4	滑雪	10.8
5	潜水	7.9
6	快艇	6.1
7	滑沙、冲沙	5.0
8	滑道	3.4
9	游船	2.4
10	滑翔伞	1.6

（4）高风险活动遇难者特征。通过对旅责险统保示范项目中遇难者的性别、年龄等特征进行统计分析，发现已知年龄和性别的游客中，男性占 65.7%，约为女性的 2 倍。相比女性，男性游客更具有冒险意识和喜欢挑战，男性游客遇难人数较多，这与参与高风险旅游活动的游客中此类人群数量较多有关。从年龄上看，中老年游客遇难人数占比最高，达到 41.7%，0~17 岁以及 38~47 岁游客较少发生事故。随着老年游客出游人数增多，老年旅游尤其是老年高风险旅游活动的风险问题愈加突出（图 2.32）。

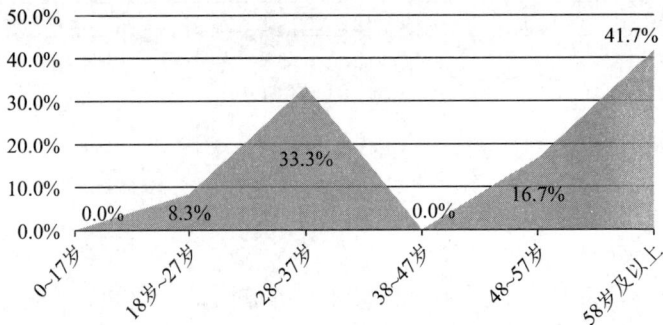

图 2.32　2019 年高风险旅游遇难游客年龄分布

5. 风险控制措施

（1）审慎选择娱乐活动项目。旅行社在选择娱乐活动项目时，需要对活动项目进行全面的风险评估，同时要选择有资质的、具备安全保障能力、配备相应专业操作人员的娱乐项目经营者，以保证旅行社提供的娱乐活动服务符合保障游客人身、财产安全的要求。

（2）全面履行告知、警示义务。旅行社作为专业从事旅游服务的经营者，应充分掌握旅游活动的相关信息，包括不适宜人群、线路风险、事故概率、注意事项、防范措施、救助条件等，这些信息与旅游活动的安全息息相关，应告知旅游者。旅游者是否参加旅游以及参加哪些旅游项目在一定程度上依赖于旅行社履行告知的范围及程度。由此，告知义务成为旅行社一项重要义务，尤其在高风险旅游活动中，旅行社常因未履行或未完全履行告知义务而承担责任。旅行社告知、警示的具体内容应根据风险发生的可能性、损害后果、危险的可认知性、防范危险的可能性、可归责性及受害人的自我保护能力等因素综合确定，并在履行义务的范围、程度、方式等方面，达到专业水准，足以引起旅游者警惕与重视。

（3）有效采取防护、救助措施。旅行社在组织游客娱乐活动时，还应采取相关防护、救助措施，防止损害的发生。尤其是高危性旅游项目，旅行社仅仅是履行告知、警示义务是远远不够的，旅行社还需要对游客进行培训，委派教练人员等，确保游客能够掌握活动需要的各项技能和知识。同时，也要确认旅客的身体状况是否适合参加娱乐项目，对于不适合参加的都需要劝退参与高危性的旅游项目。在旅游过程当中，一旦发生危及游客人身安全的事故，旅行社应当在最短的时间内对游客进行救助，比如寻求医护人员的救助等。

六、旅游购物服务

1. 空间分布

根据旅责险统保示范项目数据显示，在购物环节中，发生在境内的风险事件占比较高，占 66.7%；境外占 33.3%（图 2.33）。

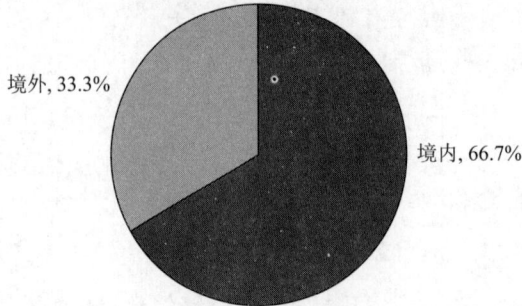

图 2.33　2019 年旅游购物风险事件空间分布

2. 类型分布

根据旅责险统保示范项目数据显示，在购物环节中，意外伤害是最易发生的风险事件，占 60.0%，多为游客在购物时不慎摔倒；其次是财产损失，占 26.6%；并列排在第三位的是突发疾病和购物投诉，均占 6.7%（图 2.34）。

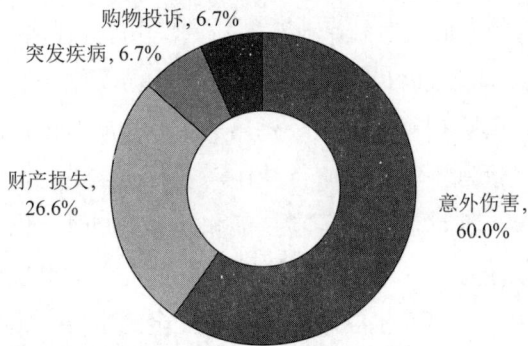

图 2.34　2019 年旅游购物风险事件类型分布

3. 出险场所分布

从游客出险场所来看，旅游行程中购物点出险率最高，占 33.3%；其次是公共商场，占 26.7%；排在第三位的是商业街，占 13.3%（图 2.35）。

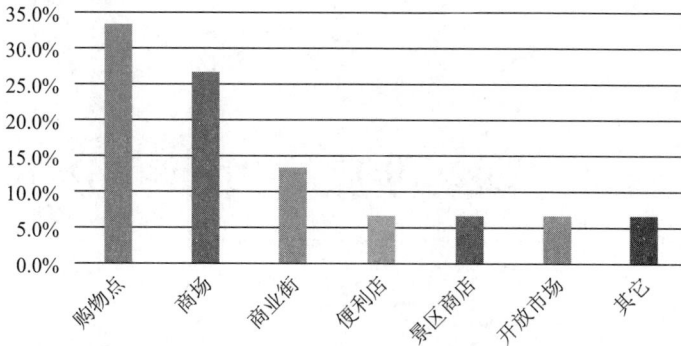

图 2.35　2019 年旅游购物风险事件出险场所分布

4. 风险控制措施

旅行社在购物服务中，应选择营业执照齐全的购物场所，以免发生不必要的纠纷。在游客乘坐电梯、走楼梯时，应尽到提示义务、防范义务，降低发生意外摔倒的风险。在热闹拥挤的场所购物时，应提醒游客注意保管好自己的财物，防止盗窃和抢劫事故的发生。

第三章 涉旅突发事件分析

一、涉旅自然灾害事件分析

自然灾害是影响旅游安全的重要因素之一，2019 年影响旅游业的自然灾害以台风、雷电、暴雨等恶劣天气为主。

1. 时间分布

涉旅自然灾害突发事件发生的时间较为集中，主要分布在 8 月份，占 42.7%，8 月雷暴、台风活动频繁，对旅游行业带来巨大的影响；其次是 2 月份，占 9.6%，2 月大雾、大雪等恶劣天气多发，也容易对旅游行程安全带来不稳定因素（图 3.1）。

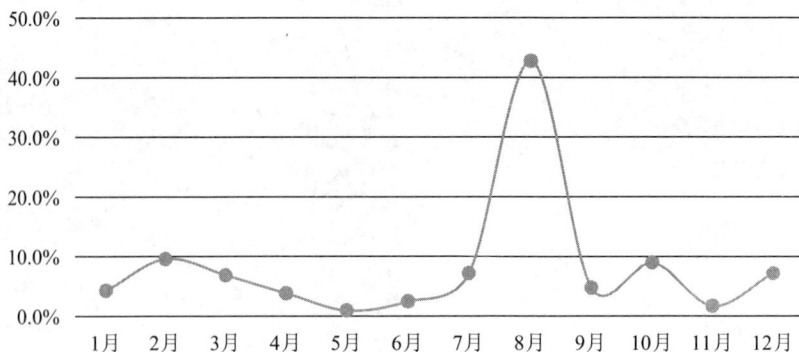

图 3.1 2019 年涉旅自然灾害事件时间分布

2. 空间分布

涉旅自然灾害突发事件发生的空间分布差异明显，华东地区涉旅自然灾害事件最多，占 39.8%；其次为西北，占 14.5%；再次为华中地区，占 13.1%（图 3.2）。

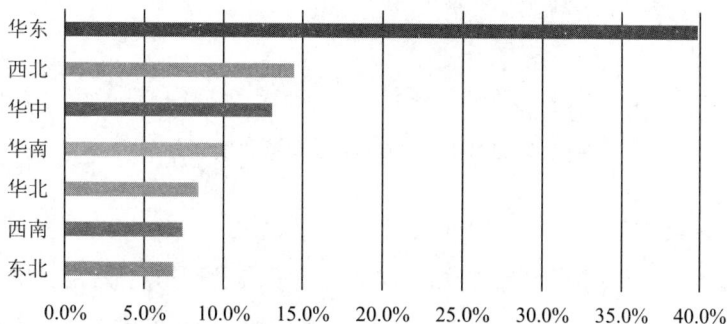

图 3.2　2019 年涉旅自然灾害事件空间分布

出境游中，日本涉旅自然灾害事件较多，占 42.0%；其次是中国台湾地区，占 14.6%；再次是韩国，占 7.5%（图 3.3）。

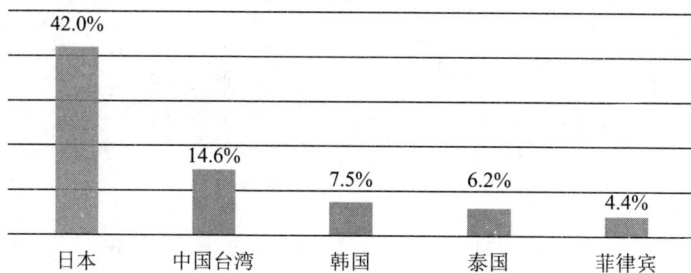

图 3.3　2019 年出境游涉旅自然灾害事件空间分布 Top 5

3. 自然灾害类型分布

2019 年，影响旅游安全的自然灾害类型较为集中，主要为气象灾害，占 55.3%；其次是海洋灾害，占 43.3%；再次是地质灾害，占 0.8%（图 3.4）。

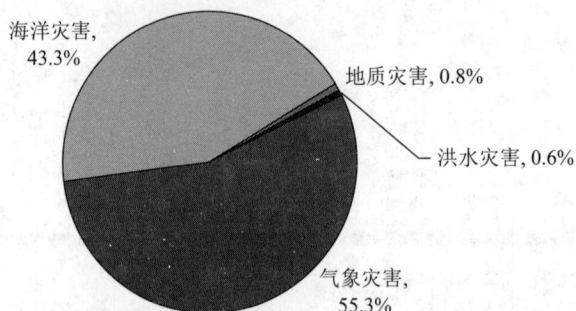

图 3.4　2019 年涉旅自然灾害事件类型分布

4. 损害结果分析

从涉旅自然灾害事件导致的损害结果来看，旅程延误是最常见的损害结果，占 78.1%；其次是旅行取消，占 15.0%；再次是导致游客的滞留，占 4.5%（图 3.5）。

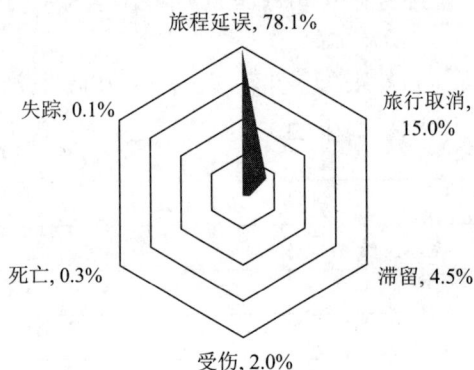

图 3.5　2019 年涉旅自然灾害事件损害结果分布

二、涉旅事故灾难分析

涉旅事故灾难主要是人为原因造成的，涉及旅游者人身伤亡或重大财产损失的紧急事件，包括交通事故、涉水事故、坠落事故、设备事故等。根据数据显示，2019 年涉旅事故灾难总体形势较为平稳，重、特大事故得到有效遏制。

1. 时间分布

从事故灾难发生的时间分布来看，事故灾难案件发生的峰值在3月份，占15.5%，多以涉水事故为主；其次是8月及9月，分别占13.4%及12.4%，主要以涉旅交通事故为主（图3.6）。

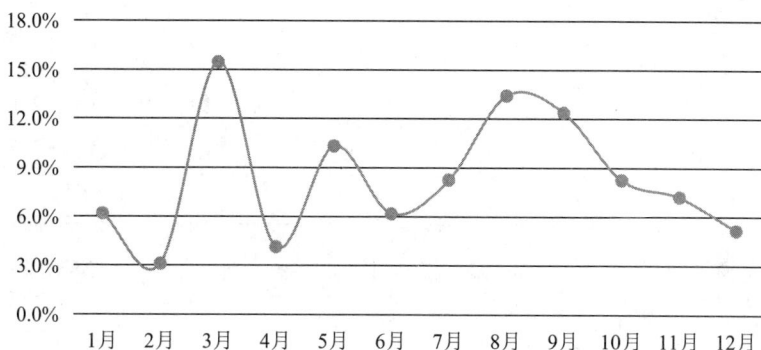

图3.6　2019年涉旅事故灾难事件时间分布

2. 空间分布

从事故灾难的空间分布来看，事故灾难案件集中发生在辽宁省、四川省，均占9.7%。"7·21"辽宁本溪涉旅交通事故造成4人死亡；"6·8"四川广元涉旅交通事故造成4人死亡，3人受伤。涉旅交通事故依然是事故灾难中易发生、危害大的类型（表3.1）。

表3.1　2019年涉旅事故灾难事件境内空间分布

序号	地区	风险事件分布（%）	序号	地区	风险事件分布（%）
1	辽宁省	9.7	7	北京市	4.8
2	四川省	9.7	8	广东省	4.8
3	青海省	8.3	9	山东省	4.8
4	广西壮族自治区	6.5	10	云南省	4.8
5	浙江省	6.5	11	甘肃省	3.2
6	重庆市	6.5	12	海南省	3.2

续表

序号	地区	风险事件分布（%）	序号	地区	风险事件分布（%）
13	江苏省	3.2	20	湖南省	1.6
14	内蒙古自治区	3.2	21	江西省	1.6
15	山西省	3.2	22	陕西省	1.6
16	天津市	3.2	23	上海市	1.6
17	新疆维吾尔自治区	3.2	24	西藏自治区	1.6
18	贵州省	1.6	25	合计	100.0
19	河南省	1.6			

出境游事故灾难主要集中在泰国、越南及马来西亚，分别占 38.0%、14.0% 及 8.0%，主要以涉水事故为主（图 3.7）。

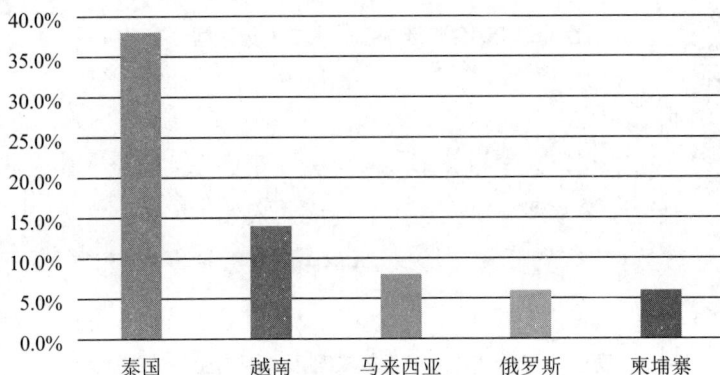

图 3.7　2019 年出境游涉旅事故灾难事件空间分布 Top 5

3. 事故灾难类型

根据数据显示，涉水事故、涉旅交通事故、坠落事故是涉旅事故灾难的主要类型；其中涉水事故占比最高，达 45.5%；其次是涉旅交通事故，占 36.6%。在涉水事故中，漂流、水上运动、潜水等专业性强、风险程度高的旅游项目是事故多发类型；涉旅交通事故发生原因主要有操作不当、违规驾驶等（图 3.8）。

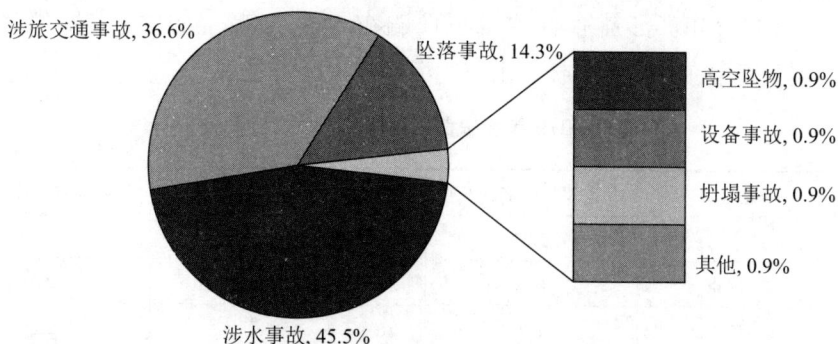

图 3.8　2019 年涉旅事故灾难事件类型分布

三、涉旅公共卫生事件分析

1. 涉旅食物中毒事件（包括疑似食物中毒）

（1）时间分布。食物中毒事件分布较为集中。7、8 月是食物中毒事件发生的高峰时期，分别占 30.9% 及 23.0%；1 月、12 月食物中毒发生率较低，分别占 2.4% 及 1.2%。由此可见，暑期是游客食物中毒高发时期，应提高警惕，加强餐饮安全的管控（图 3.9）。

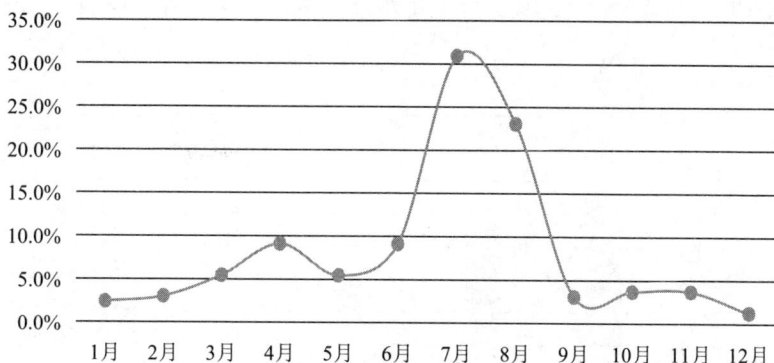

图 3.9　2019 年涉旅食物中毒事件时间分布

（2）空间分布。涉旅食物中毒事件遍布于境内外。其中境内发生案件占80.8%，主要集中在辽宁、吉林、山东、海南等地区（表3.2）。

表3.2 2019年涉旅食物中毒事件境内空间分布

序号	地区	风险事件分布（%）	序号	地区	风险事件分布（%）
1	辽宁省	12.3	14	湖北省	2.9
2	吉林省	10.1	15	广西壮族自治区	2.2
3	山东省	8.7	16	江苏省	2.2
4	海南省	7.3	17	湖南省	1.4
5	黑龙江省	7.3	18	云南省	1.4
6	河南省	6.5	19	重庆市	1.4
7	浙江省	5.8	20	安徽省	0.7
8	河北省	5.1	21	甘肃省	0.7
9	内蒙古自治区	5.1	22	贵州省	0.7
10	北京市	4.4	23	江西省	0.7
11	福建省	4.4	24	青海省	0.7
12	新疆维吾尔自治区	4.4	25	合计	100.0
13	广东省	3.6	26		

出境游发生的案件占19.2%，主要集中在泰国、马来西亚、土耳其等国家（图3.10）。

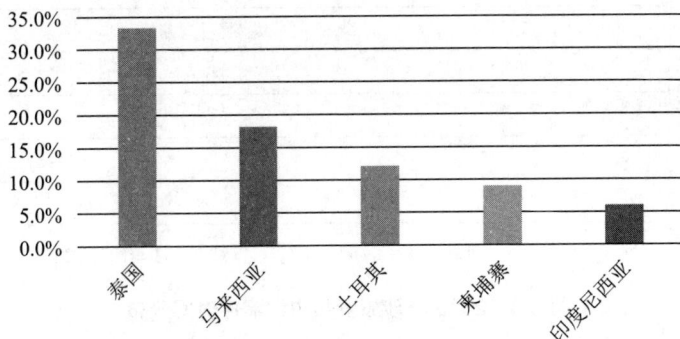

图3.10 2019年出境游食物中毒事件空间分布 Top 5

2. 涉旅传染病事件

（1）时间分布。涉旅传染病疫情事件时间分布较为集中，主要集中在 7、8 月，分别占 21.4% 及 28.6%；其次是 5、9 月，均占 14.3%；由此可见，传染病疫情事件主要发生在夏季以及春入夏、夏入秋的时间段（图 3.11）。

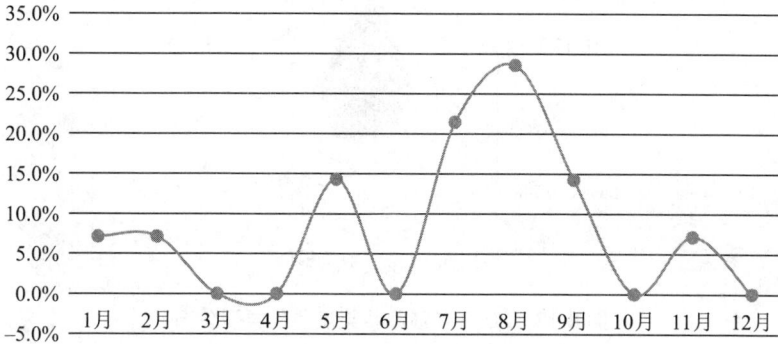

图 3.11　2019 年涉旅传染病事件时间分布

（2）空间分布。涉旅传染病疫情在境内、境外均有分布，其中境内占 53.3%，境外占 46.7%。在境内发生的疫情，游客所患的传染病多以丙类传染病为主，国内游客患乙类传染病多以在境外旅游感染传染病为主，未发现旅游传染病情进一步扩散和恶化（图 3.12）。

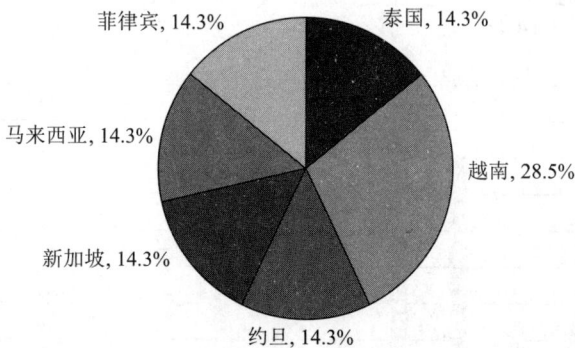

图 3.12　2019 年出境游涉旅传染病事件空间分布

（3）传染病类型。涉旅传染病疫情类型趋于多样化，涉旅传染病以游客感染登革热为主，据统计，游客感染登革热占传染病事件的 40.0%，其次是流感，占20.0%（图 3.13）。

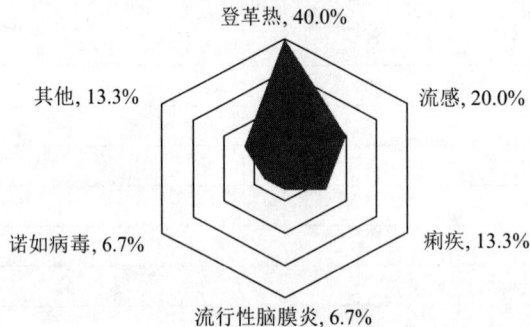

图 3.13　2019 年涉旅传染病事件类型分布

3. 其他涉旅公共卫生事件

其他涉旅公共卫生事件多数为游客个体事件，游客在旅游过程中突发疾病事件较多，致病致死率较高，预防管控难。2019 年其他涉旅公共卫生事件，在全年涉旅公共卫生事件总数中占比高达 87.9%。

（1）时间分布。游客突发个人疾病事件时空分布跨度较大，但仍有规律可循，春季、秋季发病数量会相对集中，分别占 35.1% 及 26.7%，其中 4 月份是发病高峰期，占 13.4%（图 3.14）。

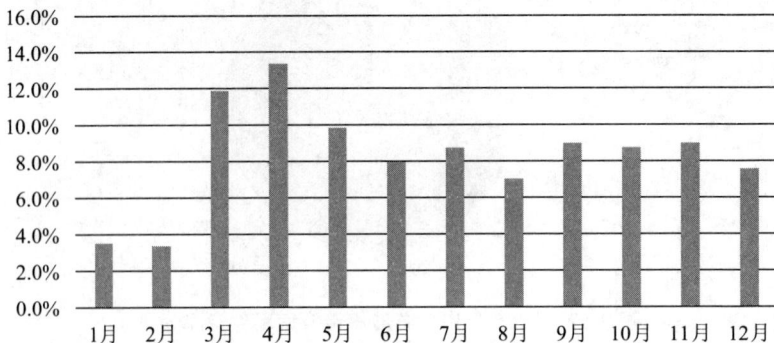

图 3.14　2019 年个人疾病风险事件时间分布

（2）空间分布。游客突发个人疾病的空间分布较为集中，主要分布在云南、海南地区，分别占 13.3% 及 9.9%。云南省地处云贵高原，海拔较高，游客高原反应的占比较高，占 18%；海南省以游客猝死和心脏病发病率较高，分别占 18% 及 13.3%（表 3.3）。

表 3.3　2019 年个人疾病风险事件境内空间分布 Top 10

序号	地区	风险事件概率（%）
1	云南省	13.3
2	海南省	9.9
3	广东省	5.1
4	湖南省	4.9
5	北京市	4.6
6	福建省	4.6
7	广西壮族自治区	3.7
8	四川省	3.7
9	贵州省	3.6
10	陕西省	3.6

（3）个人疾病的类型分析。统计显示，游客猝死案件较为多发，占 22.8%；其次是突发心脏病，占 13.8%，再次是脑卒中，占 11.7%。在旅游活动中，由于环境变化，加上身体劳累，容易引起心脑血管疾病的突发（表 3.4）。

表 3.4　2019 年个人疾病风险事件类型分布 Top 8

序号	类型分布	占比（%）
1	猝死	22.8
2	心脏病	13.8
3	脑卒中	11.7
4	急性肠胃炎	6.4
5	高原反应	4.2
6	呼吸道感染	3.4
7	高血压	1.9
8	过敏	1.3

四、涉旅社会安全事件分析

涉旅社会安全事件主要包括群体性事件、恐怖袭击事件、暴力刑事案件等可能威胁到公民人身财产安全和严重影响社会秩序的突发事件。由于游客出游量大、游客群体复杂、风险来源多样，引起涉旅社会安全事件的因素众多，使涉旅社会安全事件的管控难度不断加大。

1. 时间分布

根据数据统计分析结果显示，从月份分布来看，8月处于峰值位置，表明8月是涉旅社会安全事件的高发期，发生的涉旅社会安全事件最多，占比达到26.5%（图3.15）。

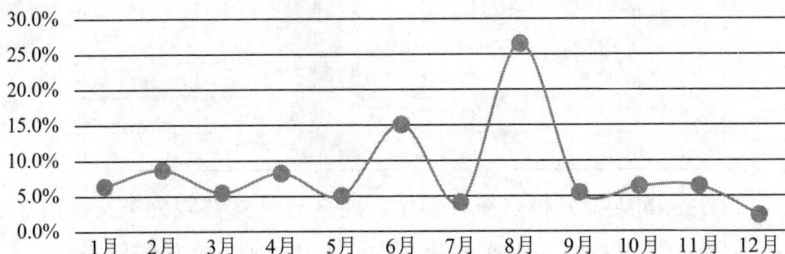

图3.15 2019年涉旅社会安全事件时间分布

从季度分布情况来看，第二季度、第三季度的事件发生率明显高于其他两个季度（图3.16）。

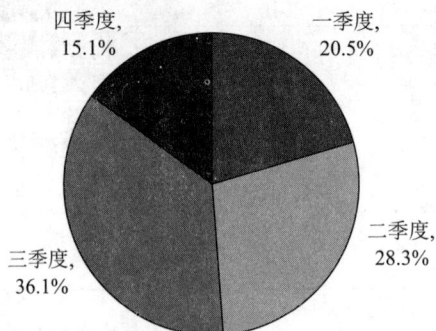

图3.16 2019年涉旅社会安全事件季度分布

从发生的时间段来看，下午发生涉旅社会安全事件的比例最高，占 42.6%（图 3.17）。

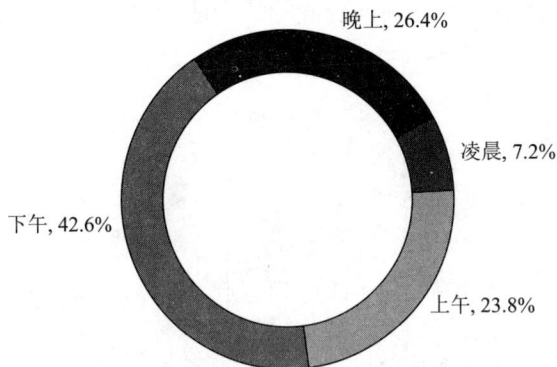

图 3.17　2019 年涉旅社会安全事件日时段分布

2. 空间分布

从地区分布来看，出境游涉旅社会安全事件发生比例高于境内游，出境游占 70.9%，其中中国香港占比最高，占 24.1%。2019 年中国香港地区受暴乱、非法集会的影响，导致大量游客滞留、旅程延误及取消（图 3.18）。

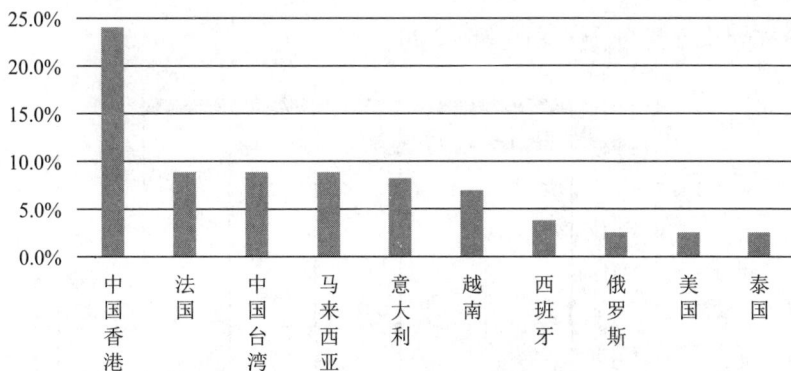

图 3.18　2019 年涉旅社会安全事件空间分布 Top 10

3. 要素环节分析

从要素环节来看，涉旅社会安全事件发生在"行"的环节占 60.8%，这主要是因为 2019 年香港机场暴乱、集会等事件影响了游客的旅游行程；其次，游览环节也是较易发生涉旅社会安全事件的环节，主要以盗窃、抢劫等事件多发；再次是住宿环节，由于住宿场所是面向公众的综合性场所，因此也是盗窃的高发环节（图 3.19）。

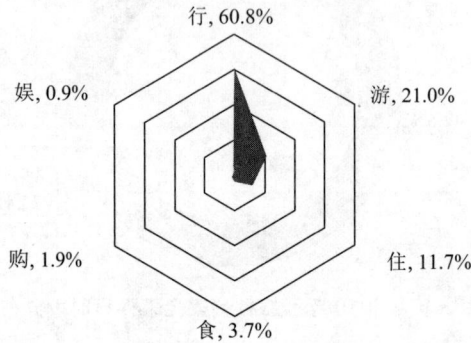

图 3.19　2019 年涉旅社会安全事件环节分布

4. 涉旅社会安全事件类型

根据数据显示，涉旅社会安全事件中，以财产安全事件为主，占 50.2%，主要是因盗窃、抢劫造成的游客财产损失；其次是群体性事件，占 41.3%，主要是罢工、暴乱导致游客的行程变化（图 3.20）。

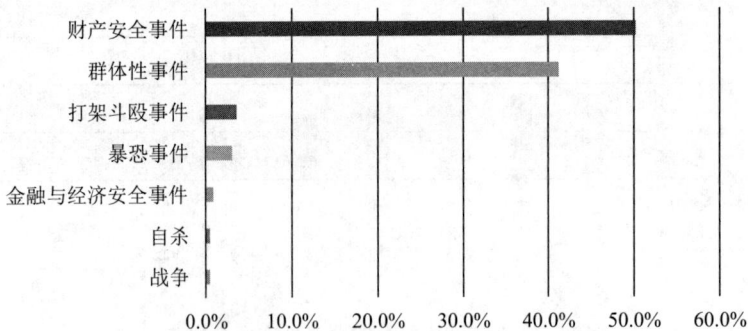

图 3.20　2019 年涉旅社会安全事件类型分布

第四章　游客风险概况与特点

一、游客风险分析

随着我国旅游业进入大众化、产业化发展的新阶段，旅游风险更加复杂，旅游业与旅游者风险交织，呈现更多的不确定性。安全旅游对游客的旅游观念、安全意识和文明自觉有了更高的要求。旅游者作为旅游活动的主体，其安全意识、身体状态、心理状态以及对于风险的认知和防范能力，都是影响旅游风险的因素。

1. 女性游客更易出险

从人伤案件的出险人群情况来看，女性游客是男性游客的近 2 倍，女性游客更易出险。女性游客自身旅游安全能力和知识欠缺，自救能力较弱，是女性游客较男性更易出险的主要原因（图 4.1）。

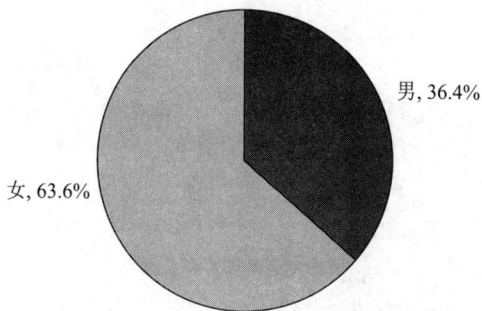

男, 36.4%

女, 63.6%

图 4.1　2019 年出险游客性别分布

2.老年游客是事故发生的主要对象

从出险游客年龄来看，58 岁以上人数占整体出险人数的 53.7%，从出险频率来看，根据江泰旅游意外团险数据显示，老年人出险频率最高达到千分之一，这就意味着每 1000 人中就会有 1 个老年人受伤或突发疾病。老年人身体机能较差，高血压、心脑血管疾病在老年人中极为常见，在平常生活中发病风险就较高，在旅游活动中更换水土、旅游劳累、饮食不适等都会极大地增加老年人突发疾病的概率，同时老年人应变能力、注意力低，也易发生意外伤害事件（表 4.1）。

表 4.1　2019 年出险游客年龄分布

年龄段	风险概率（%）	
0~17岁		11.6
18~27岁		3.0
28~37岁		7.1
38~47岁		7.6
48~57岁		17.0
58岁及以上		53.7

3.最主要的风险类型为意外伤害

游客在旅游活动中，最主要的风险类型为意外伤害，占整体风险事件的 43.6%；其次是疑似食物中毒，占 25.6%；排在第三位的是交通事故，占 14.5%（图 4.2）。

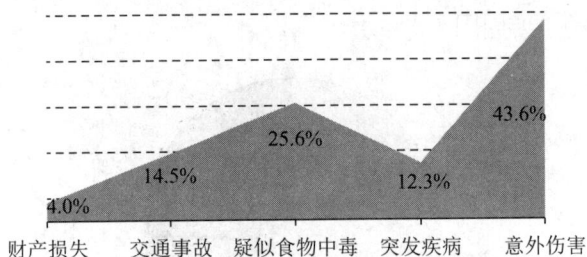

图 4.2　2019 年出险游客风险类型分布

4.最主要的死亡风险是突发疾病

游客突发疾病死亡风险最大，根据旅责险统保示范项目数据显示，2019 年游客因疾病死亡人数占总死亡人数的 69.6%。心脑血管疾病是游客旅游中发病率和死亡率较高的病症，在游客死亡的原因中占到 64.4%（图 4.3）。

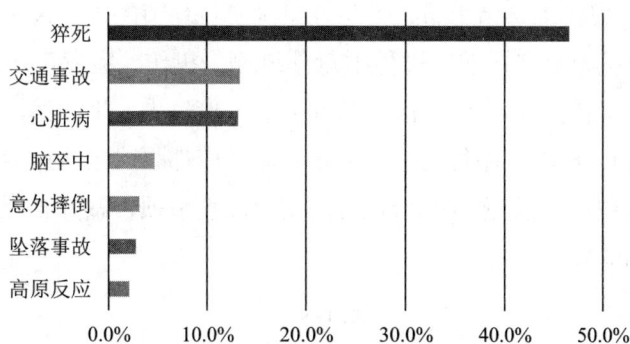

图 4.3　2019 年出险游客死亡原因分布

5. 最常见的事故原因是摔伤、扭伤

　　游客在旅游活动中摔伤、扭伤是最常见的事故原因，占 28.8%；其次是疑似食物中毒，占 26.7%；排在第三位的是交通事故，占 17.0%。游客摔伤一方面是自身未尽安全保障义务，另一方面是旅行社未尽到警示告知义务，与之相比，疑似食物中毒和交通事故虽然发生率低于摔伤、扭伤，但是容易造成群死群伤的安全事故（图 4.4）。

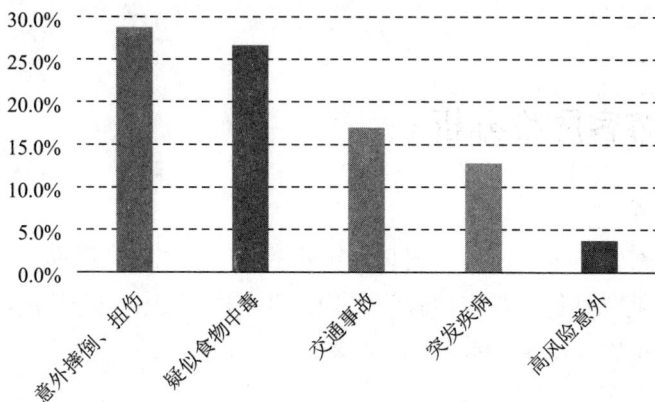

图 4.4　2019 年出险游客事故原因分布 Top 5

6. 最易发生风险事件的环节为景区游览

从风险事件发生的环节上看，发生在景区游览环节的人伤风险事件占总数的45.8%，主要表现为游客在游览过程中意外摔倒、扭伤、突发疾病及其他突发事件。景区是风险高发地，多因景区台阶陡峭、坡度过大、地面湿滑、游客疏忽大意造成意外摔倒、扭伤。旅行社在产品设计中，应加强对景区风险评估，关注景区的安全管理能力，向游客告知游览时的安全注意事项，做好必要的安全防范和应急措施（图4.5）。

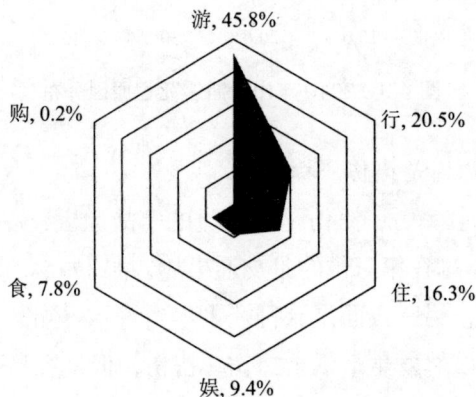

图4.5　2019年游客出险环节分布

二、老年游客风险分析

1. 时间分布

从时间上看，3月、4月、5月是老年游客案件发生的高峰期，1、2月份是案件发生的低谷期，其他月份案件较为平均，没有显著变化。老年游客出险的时间与季节变化引起的其身体机能变化有着密切关系（图4.6）。

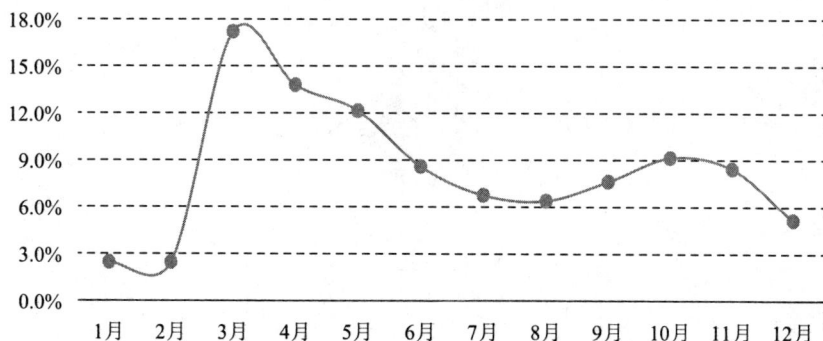

图4.6　2019年老年游客风险事件时间分布

2. 年龄分布

从老年游客的年龄分布来看，58岁到67岁老年人出险人数最多，占整体人数的56.4%，随着年龄的递增，出险人数随之降低，88岁到97岁老年游客出险人数最少。58岁到67岁老年人身体状况良好，闲暇时间较多，是团队游的主力军，出行人数与风险呈正比（图4.7）。

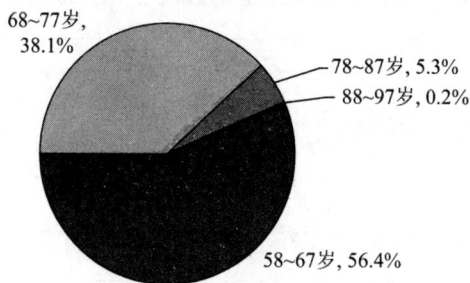

图4.7　2019年老年出险游客年龄分布

3. 案件类型分布

老年人最易发生的案件是意外伤害案件，占71.2%；其次是突发疾病，占26.7%；疑似食物中毒发生的概率最低，仅占0.3%（图4.8）。

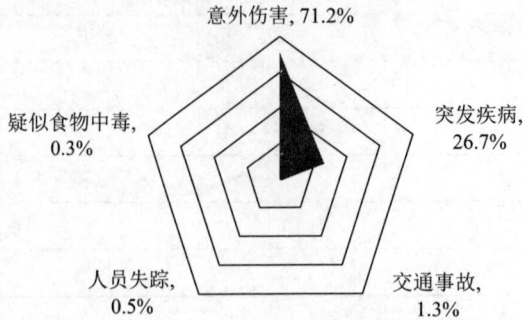

图 4.8　2019 年老年游客风险事件类型分布

4. 事故原因分布

从发生的事故原因来看，老年人高发的风险是意外摔伤、扭伤，占 55.4%，此类事故，死亡率不高，多造成老年游客骨折和其他损伤。对于老年人影响较大的是突发疾病，其中心脑血管疾病占 16.7%，致死率达到 63.5%；猝死排在出险原因第二，占比达到 7.4%（表 4.2）。

表 4.2　2019 年老年游客出险事故原因分布 Top 10

序号	事故原因	风险概率（%）
1	意外摔伤、扭伤	55.4
2	猝死	7.4
3	心脏病	4.6
4	脑卒中	3.9
5	交通工具意外	3.5
6	交通事故	2.5
7	高风险意外	2.4
8	高原反应	1.1
9	急性肠胃炎	0.9
10	高血压	0.8

三、未成年游客风险分析

1. 时间分布

从时间上看，8 月、10 月是未成年游客案件发生的高峰期，9 月、12 月是案件发生的低谷期。未成年游客出险时间分布与暑期和节假日高度重合（图 4.9）。

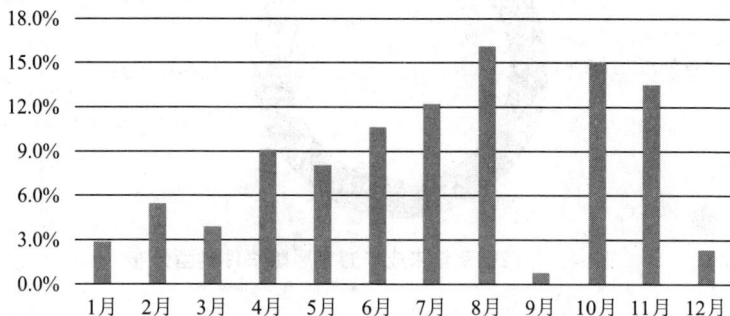

图 4.9 2019 年未成年游客风险事件时间分布

2. 年龄分布

从未成年出险游客的年龄分布来看，6~11 岁未成年人出险人数最多，占整体出险人数的 48.7%，这个年龄段的孩子随着年龄的增大，虽然自控能力有进一步提高，但应急反应能力及社会生活能力较差，再加之有情绪冲动、不稳定的一面，容易发生意外；其次是 12~14 岁，占 29.4%；0~2 岁的未成年人出险人数最少，仅占 1.9%（图 4.10）。

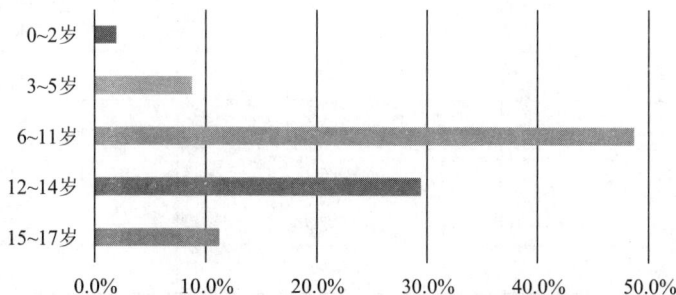

图 4.10 2019 年未成年游客出险年龄分布

3.案件类型分布

未成年游客最易发生的案件是意外伤害案件，占 84.2%；其次是突发疾病，占 12.4%；疑似食物中毒发生的概率最低，仅占 0.7%（图 4.11）。

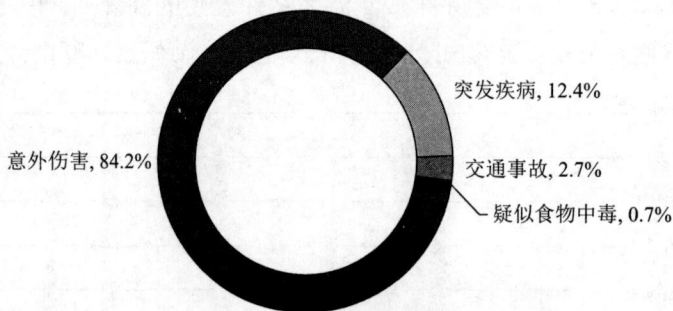

突发疾病, 12.4%

交通事故, 2.7%

疑似食物中毒, 0.7%

意外伤害, 84.2%

图 4.11　2019 年未成年游客风险事件类型分布

4.事故原因分布

从发生事故原因来看，未成年人高发的风险是意外摔伤、扭伤，占 44.0%；除此之外，意外磕伤、碰伤也较为高发，占 5.8%；在突发疾病方面，呼吸道感染和急性肠胃炎患病率较高，分别占 4.4% 及 1.9%（表 4.3）。

表 4.3　2019 年未成年游客出险事故原因分布 Top 8

序号	事故原因	风险概率（%）
1	意外摔倒、扭伤	44.0
2	意外磕伤、碰伤	5.8
3	呼吸道感染	4.4
4	高风险意外	4.4
5	交通事故	3.9
6	动物伤害	2.9
7	意外烫伤	2.9
8	急性肠胃炎	1.9

四、女性游客风险分析

根据旅责险统保示范项目数据统计显示，女性游客出险人数占 63.6%，约为男性出险人数的 2 倍。从出游方式上看，女性游客更倾向于跟团游，大多数女性游客的安全防范意识已有一定程度提高，但女性安全事故多发，女性游客安全仍存在一些隐患。

1. 时间分布

从时间上看，3 月、4 月、5 月及 7 月是女性游客案件发生的高峰期，其次是 6 月、10 月及 11 月，女性游客出险的时间分布基本与旅游淡旺季一致（图 4.12）。

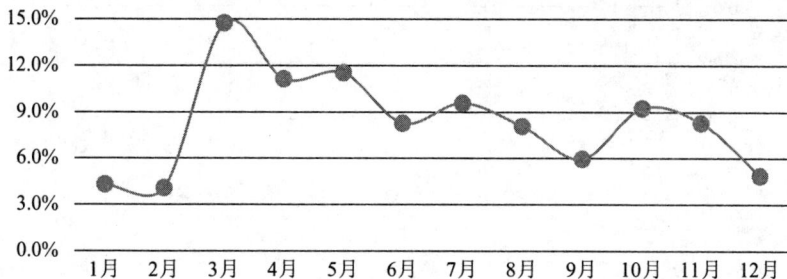

图 4.12 2019 年女性游客风险事件时间分布

2. 风险事件发生的环节分布

从事故的发生环节分布来看，女性游客的风险事件发生于游览、交通、娱乐等环节，其中游览环节的风险事件发生率最高，占 46.1%（图 4.13）。

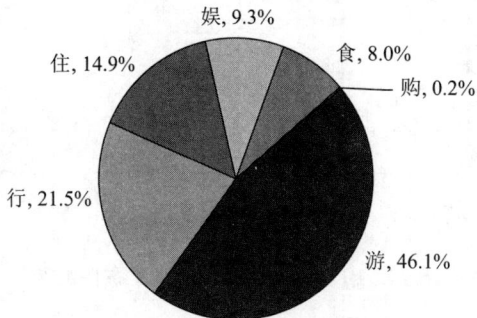

图 4.13 2019 年女性游客出险环节分布

3. 案件类型分布

从案件类型分布来看，意外伤害、突发疾病、交通事故、疑似食物中毒、走失是女性游客出险的主要案件类型，其中意外伤害发生率最高，占82.5%，多为摔伤、扭伤；其次是突发疾病，占14.2%，心脑血管疾病和急性肠胃炎是女性游客高发疾病（图4.14）。

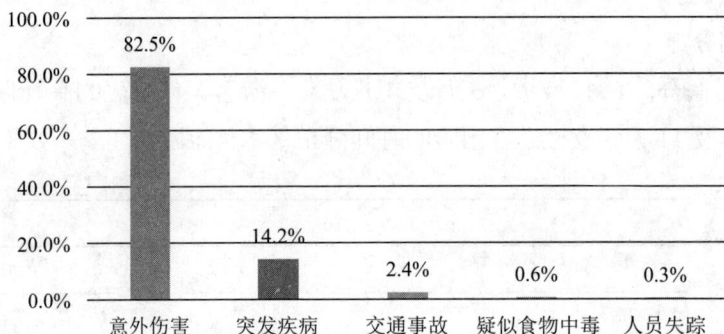

图4.14　2019年女性游客风险事件类型分布

4. 突发事件类型分布

2019年女性游客旅游突发事件中，涉旅公共卫生事件／个人疾病事件发生率最高，占56.8%（图4.15）。

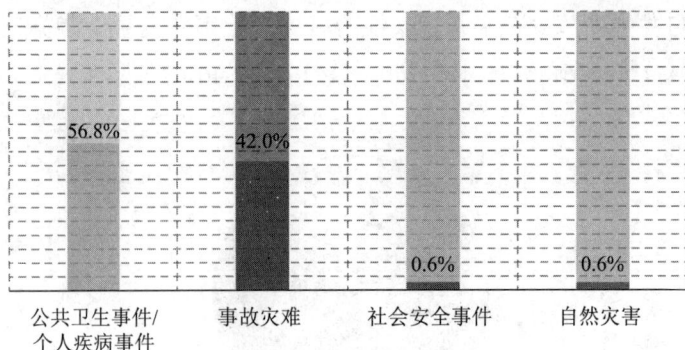

图4.15　2019年女性游客旅游突发事件类型分布

在公共卫生事件／个人疾病事件中，女性游客突发疾病占98.6%，疑似食物中毒占 0.8%，传染病占 0.6%。猝死、心脏病、脑卒中、高原反应是女性游客常见的疾病，其中猝死最为高发，占 14.6%；其次是心脏病，占 12.4%。

事故灾难占 42.0%。涉旅事故灾难包括旅游交通事故、涉水事故、动物袭击、坠落事故等，其中交通事故占 70.4%，并且易造成大规模的人员伤亡，根据旅责险数据显示，女性游客交通意外事件多数为旅游大巴的交通意外事故，其次是在道路上被车辆撞伤；涉水事故占 8.9%，多为女性游客在游泳、参与水上运行项目时溺水。

社会安全事件占 0.6%，主要包括抢劫、打架，女性游客喜欢佩戴首饰，经常带包，再加之自我保护能力较弱，易成为犯罪分子抢劫的对象。

自然灾害事件占 0.6%，主要是恶劣天气造成的人身损害，女性游客在面对自然灾害时，自我保护能力较差，自救能力较弱，使其容易在遭遇自然灾害时受到伤害。

第五章　风险专题分析

一、节假日旅游风险分析

1. 节假日旅游风险的时间分布

从数据统计可以看出，2019 年春节和国庆节由于假期长，成为典型的旅游高峰期，旅游风险事件也较多，旅游风险事件的时间分布与旅游高峰期基本重叠，两节的案件发生量占全年假日案件总量的 54.0%，已经超出了一半。其次是劳动节，因天气舒适，劳动节的出游人数也较多，案件发生量占 17.7%（图 5.1）。

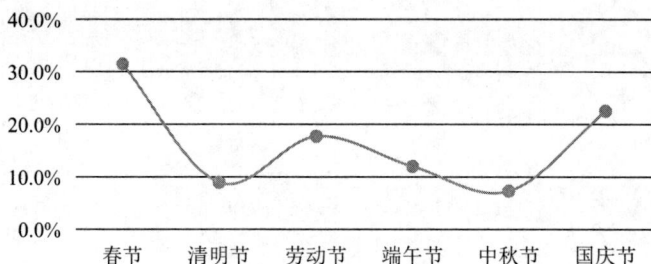

图 5.1　2019 年节假日旅游风险事件时间分布

2. 节假日旅游风险的空间分布

2019 年节假日期间，境内出险地区集中在华东、华中、西南地区，这与这些地区旅游资源丰富、出游人数多是一致的，风险仍集中在传统的热门旅游目的地。但从具体的假期来看，风险的空间分布也有不同的变化，这与假期的时间长短和天气有着一定的关系（图5.2）。

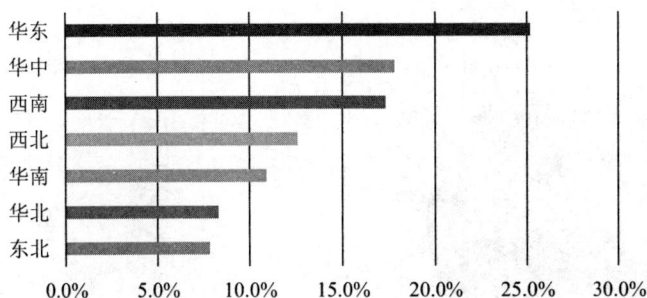

图5.2 2019年节假日境内旅游风险事件空间分布

假期出境游热度不减，但随之而来的是风险事件不断发生，出境游出险案件量占整体节假日案件的25%。数据显示，境外出险国家主要集中在泰国、日本、马来西亚地区。泰国位于亚洲大陆中南半岛，距离近价格低，节假日的天气适宜旅游，是中国游客境外旅游的主要目的地，因此泰国成为旅游风险事件发生较高的国家（图5.3）。

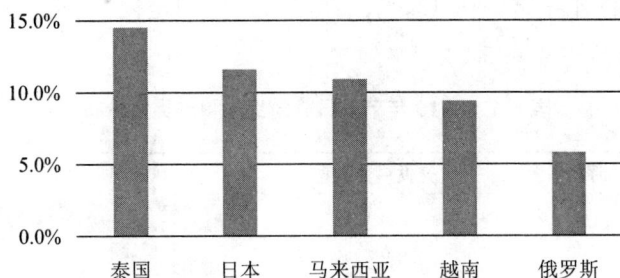

图5.3 2019年节假日出境游旅游风险事件空间分布 Top 5

3. 节假日风险事件的类型分布

节假日期间旅游风险事件类型为意外伤害和旅程延误，意外伤害类风险占比为44.0%；旅程延误类风险占比为26.7%。意外伤害多为游客在景区的意外摔倒，而旅程延误的发生多与冰雪、大风、大雾等自然原因和旅行社工作人员操作失误有关。对于人身伤亡案件，数据显示，意外摔倒是旅游者受伤的主要原因，其次是突发疾病、高风险活动中发生意外及交通事故；猝死是旅游者死亡的主要原因，其次是心脏疾病（图5.4）。

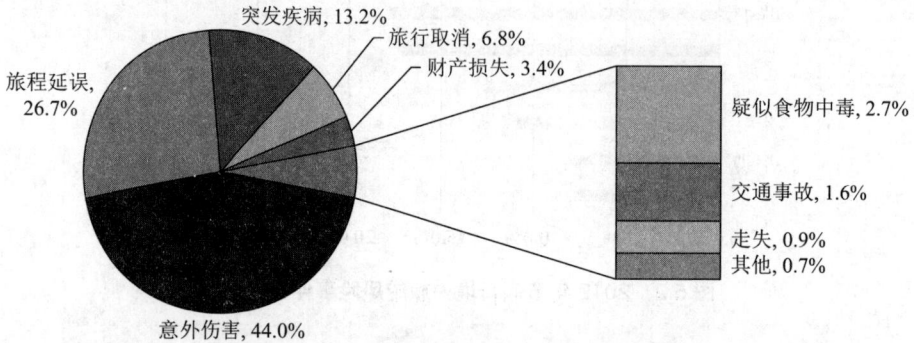

图 5.4 2019 年节假日旅游风险事件类型分布

4. 突发事件类型分布

个人疾病事件多发，占 44.9%，多为游客在活动中突发急性肠胃炎及心脑血管等疾病；其次是事故灾难，占 26.3%，在事故灾难中，交通事故占比最高，达 61.4%，其次是涉水事故，占 18.2%；排在第三位的是社会安全事件，占 11.4%，其中以盗窃事件为主（表 5.1）。

表 5.1 2019 年节假日旅游突发事件类型分布

序号	突发事件类型	风险概率（%）
1	个人疾病	44.9
2	事故灾难	26.3
3	社会安全事件	11.4
4	公共卫生事件	9.0
5	自然灾害	8.4

5. 节假日旅游风险事件发生的场所分布

节假日期间，最易发生风险事件的是交通场所，一般是旅程延误、取消风险事件和交通事故。在游览场所中，景区是最易发生风险的场所，易发生意外摔倒（图 5.5）。

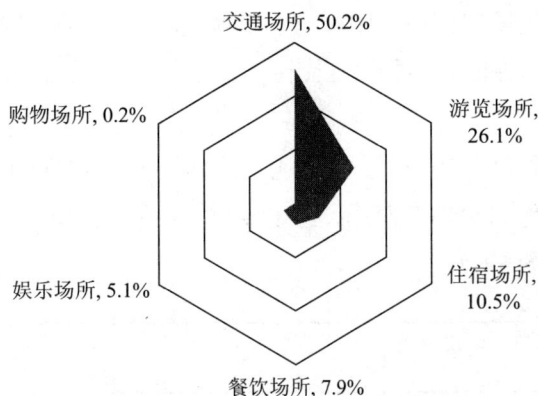

图 5.5　2019 年节假日旅游风险事件场所分布

二、出境游风险分析

　　随着我国经济持续平稳发展和居民收入水平稳步提高，城乡居民的消费结构发生深刻变化，出境游成为中国人重要的休闲选项之一，中国出境旅游人数在逐年增长，2019 年中国公民出境旅游人数达 1.55 亿人次。中国游客在选择出游目的地时受到地理约束还比较大，偏好选择地理相近的周边近距离国家和地区出游，并多集中在亚太地区国家和直接接壤的国家和地区，亚洲在中国出境旅游中占有较高的份额，其次是欧洲。中国邻近国家中，日本、韩国、泰国和新加坡等国家的美丽自然风景区，独特的文化和历史景观、主题公园和休闲胜地，对中国游客具有较大的吸引力。居民收入增加、旅游消费升级、各国签证政策放宽等有利因素，出境旅游需求得到进一步释放。

　　但是出境旅游对国际政治环境变化、极端自然灾害、公共卫生安全事件等敏感度较高，极易影响游客行程，甚至可能影响到游客的人身财产安全。同时，旅行社服务水平、领队的安全意识及自身素质以及境外履行辅助人安全管理水平，也对游客境外出游风险带来不定性，例如"8·19"老挝交通事故，造成 13 名人员死亡，29 人受伤；"9·4"新西兰交通事故，造成 5 名游客死亡，多人受伤。

2019年，118人在出境旅游活动中死亡，出境旅游安全形势依然较为严峻，旅行社对出境旅游风险事件的预防和管控显得尤为重要。

1. 时间分布

从风险事件的时间分布来看，2019年出境旅游风险事件的月度分布主要集中在3月及8月，其他月份略有变化，这主要因为旅游风险事件的发生与出境旅游淡旺季紧密相关（图5.6）。

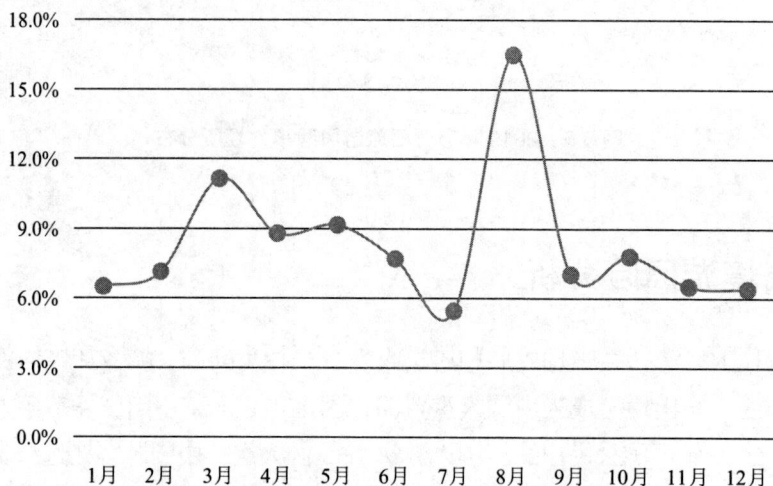

图5.6　2019年出境游风险事件时间分布

2. 空间分布

2019年，中国游客在亚洲地区发生的风险事件占出境游目的地沿线国家和地区发生的风险事件总体比率的82.7%；其中，在东南亚地区发生的风险事件占比53.7%；在东亚地区发生的风险事件占比24.1%；在西亚地区发生的风险事件占比2.6%；在南亚地区发生风险事件占比1.8%。中国游客在欧洲地区发生风险事件占比9.9%。中国游客在南美洲地区发生风险事件占比最低，为0.4%。从具体国家及地区来看，中国游客在出境游人次规模较大的热门旅游目的地如泰国、日本、越南、马来西亚等东南亚、东亚国家及地区发生风险事件的频次较多（图5.7）。

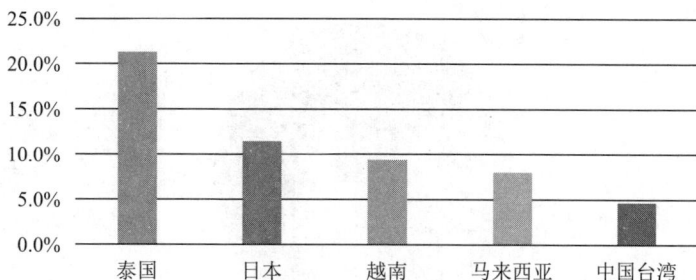

图 5.7 2019 年出境游风险事件空间分布 Top 5

3. 案件类型分布

从风险类型来看，意外伤害是主要风险类型，占风险事件总数的 41.6%；其次为旅程延误占 29.7%，突发疾病占 14.6%，财产损失占 5.8%，旅行取消占 3.4%，交通事故占 2.4%，食物中毒占 1.6%，人员走失占 0.4%，其他风险占 0.5%（图 5.8）。

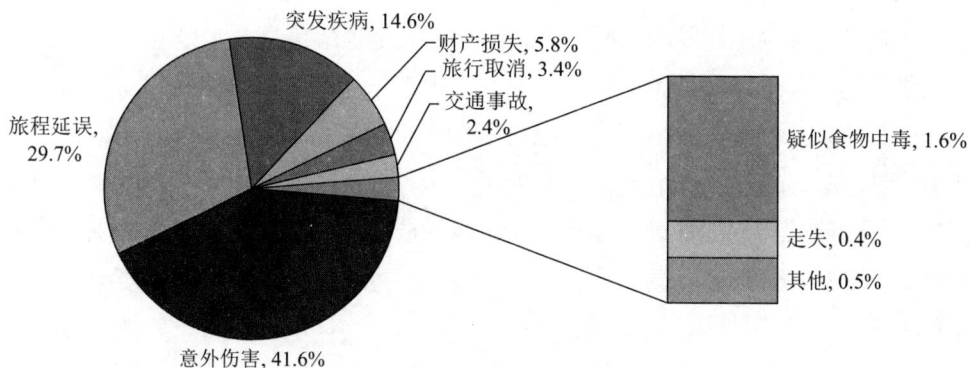

图 5.8 2019 年出境游风险事件类型分布

4. 突发事件类型分布

出境游风险总体形势较为稳定，但由于出境旅游规模持续扩大，出境游依然面临诸多安全风险，各种突发事件较为频发，其中涉旅公共卫生事件 / 个人疾病最多，占比 32.9%；其次是事故灾难，占 26.0%；涉旅社会安全事件，占比较低，为 15.4%（图 5.9）。

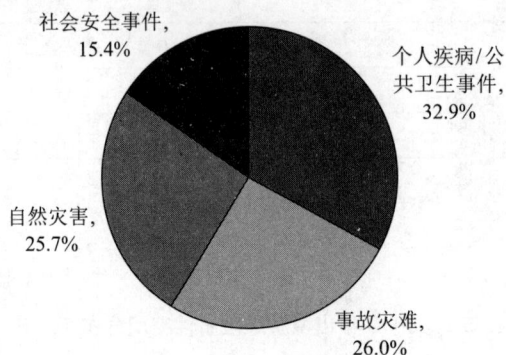

图 5.9　2019 年出境游突发事件类型分布

（1）涉旅社会安全事件。社会安全事件主要表现为抢劫、盗窃、绑架、凶杀、欺诈以及骚乱、暴动和恐怖袭击等。根据旅责险示范项目数据统计显示，涉旅社会安全事件占境外突发事件比例的 15.4%。从地区上来看，其中亚洲最高，占比达到 62.7%，其中港澳台地区占 34.2%；其次为欧洲，占 27.8%。

根据外交部领事司及相关网站发布的旅游安全提醒信息，2019 年全球（除中国大陆及港澳台地区）较为严重的社会安全事件依然频发，出境旅游安全风险增大。一是全球恐怖袭击或极端分子枪击事件不断增多，出境旅游目的地国家恐怖袭击事件多发，其中美国、新西兰、斯里兰卡、埃及、菲律宾等出境旅游目的地都发生了影响恶劣的恐怖袭击事件或枪击案，成为中国游客出境旅游最主要的安全隐患。二是局部地区动荡不安，地区冲突愈演愈烈，特别是中东、东南亚、南亚和非洲东北部等地区，叙利亚、伊拉克、阿富汗、印度、缅甸、菲律宾等国家和地区的政治形势复杂多变，社会治安形势不断恶化，抗议示威、武装袭击等活动频发。三是部分国家和地区针对中国游客的盗窃、抢劫等社会安全事件仍处于多发状态，如马来西亚、泰国、法国、意大利、瑞典等旅游热点地区，均出现中国游客钱财和行李被抢劫事件。以上社会安全事件，均不同程度地威胁着中国公民出境旅游安全。

（2）涉旅自然灾害事件。根据旅责险示范项目数据统计，自然灾害事件占境外安全事件比例为 25.7%，从地区上来看，东亚最高，占比达到 62.7%；其次为东南亚，为15.6%。影响中国公民出境旅游安全的自然灾害事件主要有暴雨、暴雪、台风、大雾等极端天气引起的自然灾害。2019年8月、9月，台风利奇马、白露、米娜都对中国游客行程造成影响，导致中国游客滞留境外；2019年2月9日~10日，东京、大阪的大雪，造成大量航班取消，也造成中国游客的滞留及行程延误。2019年4月21日，巴厘岛阿贡火山再次喷发，机场航空预警升至最高级别，航班取消或延误，对当地中国游客带来滞留风险。自然灾害对出境旅游的干扰严重，地震、海啸、台风、寒流、洪水、暴风雪等极端自然灾害不仅导致航班取消、游客滞留、行程变化，也威胁着游客的人身安全和财产安全。

（3）涉旅公共卫生事件。2019年，国际公共卫生形势十分复杂。根据示范项目数据统计，公共卫生事件及个人疾病突发事件，占32.9%。从地区上来看，其中东南亚最高，占比达到71.8%，东南亚国家属于霍乱、登革热、疟疾高发地区。2019年年初到6月份，泰国爆发登革热疫情，对赴泰国旅游的游客也造成了身体健康的威胁。食物中毒及感染性腹泻案件也频频发生，根据项目数据统计，有400余名游客在境外旅游时发生感染性腹泻或食物中毒。公共卫生事件不仅危及出境旅游者的健康，也给国际旅游业造成巨大冲击。

（4）涉旅事故灾难事件。旅游活动中与事故灾难风险相关的主要包括旅游交通事故、涉水事故、设备事故、坠落事故等。根据旅责险示范项目数据显示，2019年涉旅事故灾难安全事件占比为26.0%。从地区上来看，东南亚最高，占比达到70.7%。

灾难类型呈现多样化趋势，其中交通事故与涉水事故为主要事故灾难类型。根据旅责险示范项目数据显示，2019年有69名游客在境外旅游时因事故灾难遇难。其中，53.6%的遇难游客是因为水上活动意外死亡，主要为游泳或浮潜溺水死亡。对于中国游客来说，第二类较大的安全风险是交通事故。一是出境旅游游客因不熟悉交通环境和交通规则，或有些旅行社忽略交通安全，导致意外发生。交通事故发生率虽然不高，但造成出境旅游者人身、财产损失严重。如2019年9月22日，一名游客在泰国曼谷过马路时，被一辆车辆撞伤，导致身故；2019年10月9日，在迪拜，一名游客被车辆撞伤身故。二是旅游大巴交通事故主要由天气状况、司机自身驾驶不当、道路状况不佳等原因导致。2019年8月9日，老挝交通事故造成了 13 名人员死亡；9 月 4 日新西兰交通事故，造成 5 名中国游客死亡。旅游交通事故易导致群死群伤的严重后果。第三类是新型旅游观光游览活动导致的旅游安全事故增多，如摩托艇、浮潜、海上马拉松、丛林飞跃等高风险旅游项目存在市场混乱、从业人员没有专业资质等问题，也造成多起中国游客意外事故的发生。旅游安全事故灾难对出境旅游者人身安全造成了较大威胁。

第六章　旅行社业风险趋势展望

一、多元风险因素持续影响旅行社业

社会风险、自然灾害风险、事故灾难风险及公共卫生风险等多元风险因素仍将持续影响旅游活动安全。

雷击、暴雨、山洪、台风、地震、沙尘暴等不可抗力的自然灾害风险将持续影响旅游活动安全，这些风险对旅游业带来的负面影响大。在我国经济飞速发展的同时，各地生态环境都遭遇了不同程度的损害，这无形中扩大了自然环境变化的影响。各类自然灾害逐渐显现并呈逐年增加趋势，且越发严重，自然灾害风险仍是旅游安全的重大安全隐患。

社会治安、民族文化冲突、恐怖活动等社会风险因素将持续影响旅游活动安全。近年来，旅游目的地和游客已成为恐怖袭击的重要目标，恐怖袭击在全球各地均有发生，特别是出境游目的地。

涉旅交通事故、高风险活动事故、娱乐项目设备事故等事故灾难也将继续影响旅游活动安全。旅游新业态发展在给旅行社带来新机遇、高收入的同时，也带来了新挑战。旅游产品多样化，产业链延伸，给旅行社带来更多不确定的风险，也导致旅游事故灾难类型和特征更加复杂，风险防控难度加大。

涉旅公共卫生安全形势依然严峻。食物中毒和传染病疫情对旅游业影响尤为严重。全球公共卫生事件高发，如霍乱、登革热、黄热病、埃博拉等各类疫情，疫情公共卫生事件将持续影响旅游活动安全，导致游客出行受阻，人身财产安全受到威胁。

二、风险管控水平是影响旅行社安全的内因

根据旅责险示范项目的案例和数据显示，旅行社在产品设计、行程安排和供应商管理等环节中，风险管理意识和能力是造成旅行社是否承担责任风险的主要原因。旅行社内部安全管理不到位、对从业人员安全知识培训重要性认识不足、应急机制不完善、对游客安全保障义务未履行、履行辅助人安全性把控缺位是影响旅行社安全的重要因素。

旅行社业面对诸多日益变化的风险，应不断加强管理，通过采取风险分级管控和隐患排查治理双重预防性工作机制，把新情况和各种可能存在的问题思虑全面，将安全管理的关口前移，从隐患排查治理前移到安全风险管控。强化风险意识，分析事故发生的全链条，抓住关键环节，采取预防措施。旅行社须完成完善隐患清单、风险辨识清单、双控制度等各项企业安全档案，形成隐患治理与风险管控的双重预防机制，提高旅行社行业安全管理水平和风险预防能力，实现把风险控制在隐患形成之前，把隐患消灭在事故前面。

三、完善的旅游保险体系是旅行社业安全的重要保障

面对旅游业发展带来的诸多的风险与安全问题，应加大旅游业与保险业的合作与融合，构建更加完善的风险转嫁体系。通过研究旅游新风险与新安全需求，加大旅游保险项目开发，深化产品细节，推出具有针对性的旅游新险种，扩大保险覆盖范围与覆盖面。同时，要将旅游产业链、食、住、行、游、购、娱各环节保险发展，作为构建旅游保险体系的重要方面。保险作为整个社会风险防范的重要构件，作为社会全面风险管理的重要环节，在化解社会矛盾、完善旅游安全管理工作机制、合理转移旅游风险压力、构建旅游安全保障体系方面起着举足轻重的作用。旅游保险体系的构建是增强旅游企业风险防御能力和安全保障能力，满足旅游新业态、新发展安全需求的重要举措与保障因素。

下 篇
2019年度旅行社风险事故及案例

第一章 意外伤害案例

　　意外伤害是旅游过程中最常见的风险，景区、交通工具上、酒店成为意外伤害的高发场所。伤害类型以意外摔倒为主，造成的损失多为肢体软组织损伤及骨折。从旅责险示范项目的案例中，我们选取其中游客浮潜溺亡、海水溺亡、泳池溺亡、意外摔伤、跌落事故、意外触电、骑马摔伤等典型案例，通过相关案件为旅行社防范相关意外伤害风险提供参考。这些典型案例中，大多数游客损伤较为严重，轻者伤残，重者身亡；受害人向旅行社索赔金额在 6 万元~300 万元之间，旅行社实际承担责任的比例为 0%~70%。这些典型案例表明，旅行社、履行辅助人未能全面尽到安全保障义务，是造成旅行社承担赔偿责任的主要原因。

游客在导游带领下翻越栏杆摔伤，旅行社承担主要责任

◆ 案情描述：

　　A 旅行社组织了"春色花海动车 4 天团"的旅游活动。游客曹某某（女，67岁）在旅游活动中，在导游指引的小路跨越栏杆进入正在修建的服务区下行线前往景区时不慎摔倒，导致左踝多发性骨折并半脱位。游客在当地医院进行外固定后，返回居住地，继续住院治疗 39 天，进行内固定术。游客治疗结束后，其伤情经过鉴定机构鉴定为 10 级伤残。游客认为其受伤是旅行社未尽到安全保障义务造成，因此要求旅行社承担医疗费、护理费、交通费、营养费、后续治疗费、精神损害赔偿金共计超 20 万元。

◆ 案件处理经过：

接到报案后，调处员立即了解事故经过，初步分析责任归属，出具索赔资料指引，与旅行社一同前往医院进行医疗查勘。在案件处理过程中，调处中心参与3次调解，就事故经过、出险原因、索赔事项及相关法律要求与游客进行沟通，因双方分歧过大，未能达成共识。调处中心建议双方可以通过旅责险示范项目事故鉴定机制进行事故责任认定。该案件经事故鉴定委员会鉴定，赔偿责任比例为70%，赔偿金额为65579元。游客和旅行社均对鉴定结果不持异议，达成了最终赔偿协议。

◆ 案例启示：

本案中，游客在跟随团队进入正在修建的服务区下行线前往景区时不慎摔倒致左踝部受伤。出险地正在修建，并且有严禁翻越的告示。同时，导游系第一次带这条线，对路况不熟悉，也没有了解到该条线路存在的风险。旅行社指引游客行走在存在严重安全隐患的严禁通行的道路，安全保障严重不足，并且在游客摔伤之后没有立即送去就医，而是在行程结束后才将游客送去检查。导游更是没有风险防范意识，旅行社应当承担较大的责任。

游客作为具有完全民事行为能力的自然人，应当对自己的行为负责，其跟随导游跨越栏杆进入出险地，未考虑自身身体状况，摔倒受伤之后没有立即请求送往医院，反而坚持游完全程，伤情有所加重，游客在本案中也应当承担部分责任。

本案中旅行社承担了绝大部分责任，为了尽量减少类似风险，旅行社一定要切实履行安全保障义务，不要为了节省时间而选择风险系数大的路线，导致游客在旅游途中意外受伤。同时，更要加强对导游进行专业的培训，培养导游的风险防范意识，尤其是不熟悉的旅游线路更应加倍重视。旅行社也应建议游客购买意外保险，在出现意外时能够得到赔偿，降低自身的经济损失。

◆ 专家点评：

根据《旅游法》的规定，组团社是在自行或者根据旅游者要求设计线路，自已提供或者采购履行辅助人的交通、餐饮、住宿、游览、娱乐、购物以及导游、领队等服务基础上，组装打包成旅游产品，统一销售给旅游者。组团社在法律上的定位是产品的生产者，而不是居间者。旅游者为了追求精神上的愉悦等需求购买旅游产品，属于消费者。因此，组团社应当保证其提供的服务产品符合保障人身、财产安全的要求，这是《产品质量法》《消费者权益保护法》及《旅游法》对组团社的强制性要求，是组团社必须履行的基本义务。同时，《旅游法》第七十九条还规定，组团社应对其提供的产品和服务进行安全检验、检测和评估，采取必要措施防止危害发生。

线路安全属于旅游产品安全的组成部分，旅行社应事先对线路检验、评估，确保其安全性。行程中不应包含修建中、非公共交通的路线，尤其在管理人已经提示禁止通行之后，更应引起注意。本案案情显示涉事路段是正在修建的小路，需跨越栏杆通过，本就不应纳入行程中；且系导游本人指引的存在较大安全风险的小路，未能提示风险，未密切关注防范危险行为的发生。旅行社未能评估线路安全，所提供的服务本身存在安全隐患是其在本案中承担责任的主要原因。

◆ 法律法规：

1.《旅游法》

第五十条　旅游经营者应当保证其提供的商品和服务符合保障人身、财产安全的要求。

旅游经营者取得相关质量标准等级的，其设施和服务不得低于相应标准；未取得质量标准等级的，不得使用相关质量等级的称谓和标识。

第六十二条　订立包价旅游合同时，旅行社应当向旅游者告知下列事项：

（一）旅游者不适合参加旅游活动的情形；

（二）旅游活动中的安全注意事项；

（三）旅行社依法可以减免责任的信息；

（四）旅游者应当注意的旅游目的地相关法律、法规和风俗习惯、宗教禁忌，依照中国法律不宜参加的活动等；

（五）法律、法规规定的其他应当告知的事项。

在包价旅游合同履行中，遇有前款规定事项的，旅行社也应当告知旅游者。

第七十条　旅行社不履行包价旅游合同义务或者履行合同义务不符合约定的，应当依法承担继续履行、采取补救措施或者赔偿损失等违约责任；造成旅游者人身损害、财产损失的，应当依法承担赔偿责任。旅行社具备履行条件，经旅游者要求仍拒绝履行合同，造成旅游者人身损害、滞留等严重后果的，旅游者还可以要求旅行社支付旅游费用一倍以上三倍以下的赔偿金。

由于旅游者自身原因导致包价旅游合同不能履行或者不能按照约定履行，或者造成旅游者人身损害、财产损失的，旅行社不承担责任。

在旅游者自行安排活动期间，旅行社未尽到安全提示、救助义务的，应当对旅游者的人身损害、财产损失承担相应责任。

第八十一条　突发事件或者旅游安全事故发生后，旅游经营者应当立即采取必要的救助和处置措施，依法履行报告义务，并对旅游者作出妥善安排。

2.《旅行社条例》

第三十九条第一款　旅行社对可能危及旅游者人身、财产安全的事项，应当向旅游者作出真实的说明和明确的警示，并采取防止危害发生的必要措施。

3.《最高人民法院关于审理旅游纠纷案件适用法律若干问题的规定》

第七条　旅游经营者、旅游辅助服务者未尽到安全保障义务，造成旅游者人身损害、财产损失，旅游者请求旅游经营者、旅游辅助服务者承担责任的，人民法院应予支持。

因第三人的行为造成旅游者人身损害、财产损失，由第三人承担责任；旅游经营者、旅游辅助服务者未尽安全保障义务，旅游者请求其承担相应补充责任的，人民法院应予支持。

第八条　旅游经营者、旅游辅助服务者对可能危及旅游者人身、财产安全的旅游项目未履行告知、警示义务，造成旅游者人身损害、财产损失，旅游者请求旅游经营者、旅游辅助服务者承担责任的，人民法院应予支持。

旅游者未按旅游经营者、旅游辅助服务者的要求提供与旅游活动相关的个人健康信息并履行如实告知义务，或者不听从旅游经营者、旅游辅助服务者的告知、警示，参加不适合自身条件的旅游活动，导致旅游过程中出现人身损害、财产损失，旅游者请求旅游经营者、旅游辅助服务者承担责任的，人民法院不予支持。

4.《侵权责任法》

第二十六条　被侵权人对损害的发生也有过错的，可以减轻侵权人的责任。

第三十七条　宾馆、商场、银行、车站、娱乐场所等公共场所的管理人或者群众性活动的组织者，未尽到安全保障义务，造成他人损害的，应当承担侵权责任。

因第三人的行为造成他人损害的，由第三人承担侵权责任；管理人或者组织者未尽到安全保障义务的，承担相应的补充责任。

5.《最高人民法院关于审理人身损害赔偿案件适用法律若干问题的解释》

第十七条　受害人遭受人身损害，因就医治疗支出的各项费用以及因误工减少的收入，包括医疗费、误工费、护理费、交通费、住宿费、住院伙食补助费、必要的营养费，赔偿义务人应当予以赔偿。

受害人因伤致残的，其因增加生活上需要所支出的必要费用以及因丧失劳动能力导致的收入损失，包括残疾赔偿金、残疾辅助器具费、被扶养人生活费，以及因康复护理、继续治疗实际发生的必要的康复费、护理费、后续治疗费，赔偿义务人也应当予以赔偿。

受害人死亡的，赔偿义务人除应当根据抢救治疗情况赔偿本条第一款规定的相关费用外，还应当赔偿丧葬费、被扶养人生活费、死亡补偿费以及受害人亲属办理丧葬事宜支出的交通费、住宿费和误工损失等其他合理费用。

第十八条　受害人或者死者近亲属遭受精神损害，赔偿权利人向人民法院请求赔偿精神损害抚慰金的，适用《最高人民法院关于确定民事侵权精神损害赔偿责任若干问题的解释》予以确定。

精神损害抚慰金的请求权，不得让与或者继承。但赔偿义务人已经以书面方式承诺给予金钱赔偿，或者赔偿权利人已经向人民法院起诉的除外。

二、 游客跌落过山车轨道死亡，旅行社未尽安全保障义务，被判承担责任

◆ 案情描述：

A 旅行社和 C 小学签订旅游合同，组织学生参加一天社会实践活动。当天团队行程至 D 游艺园，在"梦幻过山车"项目游玩时，学生刘某某不幸跌落轨道，被运行中的过山车辗压死亡。事发后家属向旅行社、学校、D 游艺园主张约 300 万元的赔偿金。

◆ 案件处理经过：

接到报案后，调处员了解事故经过，指导旅行社善后处理工作，并组织各涉事方的调解。由于当事各方对赔偿事宜无法通过调解达成共识，游客家属将 A 旅行社、C 小学作为被告提起诉讼，要求两个被告共同赔偿 90 万余元，同时将 D 游艺园列为第三人。案件经法院审理认为，A 旅行社是学生社会活动实践的组织者，其未对导游进行安全生产培训和教育，未保证其具备必要的安全知识，在对未成年人的旅游活动中，未采取有效防止伤害发生的措施，因此应承担 10% 的赔偿责任。

◆ 案例启示：

《中华人民共和国未成年人保护法》第二十二条规定："学校、幼儿园安排未成年人参加集会、文化娱乐、社会实践等集体活动，应当有利于未成年人的健康成长，防止发生人身安全事故。"最高人民法院《关于审理人身损害赔偿案件适用法律若干问题的解释》第七条规定："对未成年人依法负有教育、管理、保护义务的学校、幼儿园或者其他教育机构，未尽职责范围内的相关义务致使未成年人遭受人身损害，或者未成年人致他人人身损害的，应当承担与其过错相应的赔偿责任。"根据教育部制定的《学生伤害事故处理办法》第九条的规定，因学校组织学生参加教育教学活动或校外活动，未对学生进行相应的安全教育，并未在可预见的范围内采取必要的安全措施，造成学生伤害事故的，学校应当依法承担相应的责任。据此，学校等教育机构组织学生参加校外活动，对学生仍然负有管理和保

护的义务。教育机构与他人签订合同，将校外活动交由他人具体承办，并约定在活动期间由他人负责对学生的管理、保护的，并不导致校外活动性质的变化，如果本案中死亡游客所在的小学未尽到合理的监护义务，也应当承担与其过错相当的责任。同样，旅行社与死亡游客所在的学校签订旅游合同，双方之间成立旅游合同关系，旅行社应当依据合同约定切实履行合同约定的义务。在旅游服务提供期间，因旅行社未尽到安全保障义务，造成游客伤亡的，应当承担违约责任或者侵权责任。未成年人旅游具有特殊性，旅行社、履行辅助人以及学校、监护人等都需更多注意，更加谨慎。此案中，旅行社不仅要承担民事责任，还可能因委派不具有资质导游人员、违反安全生产管理等行为承担行政责任，最主要的是导致一条幼小生命的凋零，应足够重视，引以为戒。旅行社应切实加强对从业人员的遴选与培训，确保从业人员具备符合要求的专业知识、技能、经验与安全意识，杜绝人为的安全事故发生。

◆ 专家点评：

涉案事故涉及三方责任主体，学校、旅行社与游艺园的经营者。事故责任的准确认定取决于对事故发生时事实的确认以及对法律的准确适用。

根据事故调查报告载明的调查情况，受学校委托，旅行社组织 802 名小学生进行社会实践，其中包括某游乐园的梦幻过山车项目。带队的有受害人班主任陈某某，旅行社派出的兼职导游蔡某与实习人员陈某（未取得导游证）。梦幻过山车项目的工作人员杨某去买饭离开现场，致入口处无人把守；蔡某中途离开排队等候的学生，部分等候学生涌上站台后，受害人被挤落轨道，被轨道上运行列车撞击与碾压导致死亡，列车操作员未及时停止设备运行。陈某与陈某某当时均在看管其他学生。学校在社会实践前未对学生进行安全教育。

依据前述事实，根据《侵权责任法》《旅游法》《未成年人保护法》等，各方责任承担问题具体分析如下：

《侵权责任法》第三十八条规定，无民事行为能力人在幼儿园、学校或者其他教育机构学习、生活期间受到人身损害的，幼儿园、学校或者其他教育机构应当承担责任，但能够证明尽到教育、管理职责的，不承担责任。学校组织学生到校外开展社会实践活动，视为学校学习生活的延展，视同在校学习，学校负有安全教育、保护及管理责任，对于学生受到人身损害的，学校不能举证证明其尽到教育、管理职责的，承担过错责任。本案学校未在活动之前进行安全教育、说明、警示，具有一定过错。根据《旅行社条例》，旅行社对可能危及旅游者人身、财产安全的事项，应当向旅游者作出真实的说明和明确的警示，并采取防止危害发生的必要措施。《旅游法》第七十九条第三款规定，旅游经营者组织、接待老年人、未成年人、残疾人等旅游者，应当采取相应的安全保障措施。同时根据《导游人员管理条例》，从事导游活动，必须取得导游证。本案旅行社未能委派具有资质的导游人员，未能对导游人员进行安全管理与培训，未能就学生群体采取相应的安全措施，致使学生因疏于管理发生拥挤事件，具有过错。同时《旅游法》第七十九条第二款规定，旅游经营者应对提供的产品与服务进行安全检验、检测和评估，采取必要措施防止危害发生，本案游乐园工作人员在接待未成年团队时，非但未采取相应安全措施，反而擅离职守，致使出入口失守，且出入口设施具有一定瑕疵，列车设备的操作员在遇有紧急情况时，未能及时采取处置措施，对受害人死亡后果具有一定过错。三者的过错行为是否承担赔偿责任及其责任比例，取决于其过错行为与人身损害结果之间是否具有因果关系及其原因力的大小。可以确定的是，由于游乐园系旅行社所选定，即使学校指定，但经旅行社确认，安排行程中，旅行社对其负有选任监督责任。因此受害人家属要求旅行社先行承担或者虽然法院判决游乐园承担赔偿责任，但对于游乐园因责任能力问题无法承担的部分，受害人家属有权要求旅行社承担。旅行社具有追偿权，但须承担追偿权无法实现的法律风险。

◆ 法律法规：

1.《旅游法》

第六十二条　订立包价旅游合同时，旅行社应当向旅游者告知下列事项：

（一）旅游者不适合参加旅游活动的情形；

（二）旅游活动中的安全注意事项；

（三）旅行社依法可以减免责任的信息；

（四）旅游者应当注意的旅游目的地相关法律、法规和风俗习惯、宗教禁忌，依照中国法律不宜参加的活动等；

（五）法律、法规规定的其他应当告知的事项。

在包价旅游合同履行中，遇有前款规定事项的，旅行社也应当告知旅游者。

第七十条　旅行社不履行包价旅游合同义务或者履行合同义务不符合约定的，应当依法承担继续履行、采取补救措施或者赔偿损失等违约责任；造成旅游者人身损害、财产损失的，应当依法承担赔偿责任。旅行社具备履行条件，经旅游者要求仍拒绝履行合同，造成旅游者人身损害、滞留等严重后果的，旅游者还可以要求旅行社支付旅游费用一倍以上三倍以下的赔偿金。

由于旅游者自身原因导致包价旅游合同不能履行或者不能按照约定履行，或者造成旅游者人身损害、财产损失的，旅行社不承担责任。

在旅游者自行安排活动期间，旅行社未尽到安全提示、救助义务的，应当对旅游者的人身损害、财产损失承担相应责任。

第七十一条　由于地接社、履行辅助人的原因导致违约的，由组团社承担责任；组团社承担责任后可以向地接社、履行辅助人追偿。

由于地接社、履行辅助人的原因造成旅游者人身损害、财产损失的，旅游者可以要求地接社、履行辅助人承担赔偿责任，也可以要求组团社承担赔偿责任；组团社承担责任后可以向地接社、履行辅助人追偿。但是，由于公共交通经营者的原因造成旅游者人身损害、财产损失的，由公共交通经营者依法承担赔偿责任，旅行社应当协助旅游者向公共交通经营者索赔。

第七十九条　旅游经营者应当严格执行安全生产管理和消防安全管理的法律、法规和国家标准、行业标准，具备相应的安全生产条件，制定旅游者安全保护制度和应急预案。

旅游经营者应当对直接为旅游者提供服务的从业人员开展经常性应急救助技能培训，对提供的产品和服务进行安全检验、监测和评估，采取必要措施防止危害发生。

旅游经营者组织、接待老年人、未成年人、残疾人等旅游者，应当采取相应的安全保障措施。

第八十一条　突发事件或者旅游安全事故发生后，旅游经营者应当立即采取必要的救助和处置措施，依法履行报告义务，并对旅游者作出妥善安排。

2.《旅行社条例》

第三十九条第一款　旅行社对可能危及旅游者人身、财产安全的事项，应当向旅游者作出真实的说明和明确的警示，并采取防止危害发生的必要措施。

3.《最高人民法院关于审理旅游纠纷案件适用法律若干问题的规定》

第七条　旅游经营者、旅游辅助服务者未尽到安全保障义务，造成旅游者人身损害、财产损失，旅游者请求旅游经营者、旅游辅助服务者承担责任的，人民法院应予支持。

因第三人的行为造成旅游者人身损害、财产损失，由第三人承担责任；旅游经营者、旅游辅助服务者未尽安全保障义务，旅游者请求其承担相应补充责任的，人民法院应予支持。

第八条　旅游经营者、旅游辅助服务者对可能危及旅游者人身、财产安全的旅游项目未履行告知、警示义务，造成旅游者人身损害、财产损失，旅游者请求旅游经营者、旅游辅助服务者承担责任的，人民法院应予支持。

旅游者未按旅游经营者、旅游辅助服务者的要求提供与旅游活动相关的个人健康信息并履行如实告知义务，或者不听从旅游经营者、旅游辅助服务者的告知、警示，参加不适合自身条件的旅游活动，导致旅游过程中出现人身损害、财产损失，旅游者请求旅游经营者、旅游辅助服务者承担责任的，人民法院不予支持。

4.《侵权责任法》

第二十六条　被侵权人对损害的发生也有过错的，可以减轻侵权人的责任。

第三十七条　宾馆、商场、银行、车站、娱乐场所等公共场所的管理人或者群众性活动的组织者，未尽到安全保障义务，造成他人损害的，应当承担侵权责任。

因第三人的行为造成他人损害的，由第三人承担侵权责任；管理人或者组织者未尽到安全保障义务的，承担相应的补充责任。

第三十八条　无民事行为能力人在幼儿园、学校或者其他教育机构学习、生活期间受到人身损害的，幼儿园、学校或者其他教育机构应当承担责任，但能够证明尽到教育、管理职责的，不承担责任。

5.《最高人民法院关于审理人身损害赔偿案件适用法律若干问题的解释》

第十七条　受害人遭受人身损害，因就医治疗支出的各项费用以及因误工减少的收入，包括医疗费、误工费、护理费、交通费、住宿费、住院伙食补助费、必要的营养费，赔偿义务人应当予以赔偿。

受害人因伤致残的，其因增加生活上需要所支出的必要费用以及因丧失劳动能力导致的收入损失，包括残疾赔偿金、残疾辅助器具费、被扶养人生活费，以及因康复护理、继续治疗实际发生的必要的康复费、护理费、后续治疗费，赔偿义务人也应当予以赔偿。

受害人死亡的，赔偿义务人除应当根据抢救治疗情况赔偿本条第一款规定的相关费用外，还应当赔偿丧葬费、被扶养人生活费、死亡补偿费以及受害人亲属办理丧葬事宜支出的交通费、住宿费和误工损失等其他合理费用。

第十八条　受害人或者死者近亲属遭受精神损害，赔偿权利人向人民法院请求赔偿精神损害抚慰金的，适用《最高人民法院关于确定民事侵权精神损害赔偿责任若干问题的解释》予以确定。

精神损害抚慰金的请求权，不得让与或者继承。但赔偿义务人已经以书面方式承诺给予金钱赔偿，或者赔偿权利人已经向人民法院起诉的除外。

三、七旬游客境外溺亡，意外险充足，化解纠纷

◆ 案情描述：

某出境社组织游客冯某等一行10余人前往柬埔寨旅游。当晚，74岁的女性游客冯某在吃过晚饭后，独自前往入住酒店的游泳池游泳。在晚上约20：30，冯某在泳池里发生溺水，被酒店工作人员发现后立即拨打急救电话并进行抢救，但最终冯某经抢救无效死亡。

◆ 案件处理经过：

调处员接到客户报案后立即启动重大案件处理流程，第一时间联系旅行社并指导随团服务导游协助家属处理后事，收集相关材料。经与带团导游沟通获悉，该团为老年团，事发时为行程第一天，导游带领团队安排用餐、入住酒店后，还特意跟整团游客强调不可独自外出散步、游泳，其他游客均可为其证明，根据落实的情况，此次事故，游客自身应承担较大的责任。同时，调处员了解到游客在出游前投保了旅游意外险。鉴于上述情况，调处员制订了调解方案，积极协调游客意外险快速理赔来化解纠纷。经过调处员组织多次调解，双方达成和解协议，旅行社协助游客获得意外险 30 万元赔款。

◆ 案例启示：

根据《旅游法》第七十条第三款规定，旅游者自行安排活动期间，旅行社未尽安全提示、救助义务的，应当对旅游者的人身损害、财产损失承担相应责任。游客晚上在酒店泳池游泳，属于自行安排的活动，旅行社依然负有安全提示与救助义务。

游客在境外酒店游泳时溺水死亡时有发生。境外酒店的泳池一般为开放状态且不配备救生设备、救生人员，或者晚上救生人员处于下班状态。在此情形下，旅行社领队应当对在酒店泳池游泳的风险充分告知旅游者，尤其在面对老年游客身体条件普遍欠灵活、基础疾病较为常见的情形下，更应全面、充分告知，不能仅作一般性的安全提示。泳池的概况、深度以及酒店配备的救生设施设备及救生人员情况，对旅游者形成游泳意向具有重要的影响，领队应对旅游者作出详尽说明，对游泳的注意事项作充分告知。同时对酒店游泳的风险作出明确的说明与警示，以引起旅游者的重视，促使其谨慎选择。本案能较为稳妥地安抚家属，顺利结案，得益于意外险。风险无处不在，尤其是老年游客存在较高风险因素，行程中投保保障全面的意外险非常必要。

◆ 专家点评：

本案所涉旅游合同系双方真实意思表示，合法、有效。游客在旅行社提供旅游服务的旅游过程中死亡，存在违约责任和侵权责任竞合的情形。受害人家属可自由选择依侵权责任或违约责任请求损害赔偿。根据《中华人民共和国合同法》第一百零七条之规定，我国合同法规定违约责任的一般归责原则为严格责任，其意指非违约方只要举证证明违约方的行为不符合合同约定，便可要求其承担责任，并不需要证明其主观上是否有过错。

旅游经营者保障游客的人身安全是其旅游服务的基本义务。安全保障义务要求行为人采取积极的行为，保障具有一定关系的当事人的人身和财产不受侵害。《最高人民法院关于审理旅游纠纷案件适用法律若干问题的规定》第七条规定了"旅游经营者、旅游辅助服务者未尽到安全保障义务，造成旅游者人身损害、财产损失，旅游者请求旅游经营者、旅游辅助服务者承担责任的，人民法院应予支持"。具体到本案中，旅行社在履行合同过程中应对旅游者的人身安全尽保障义务，但其在安排旅游者自由活动过程中未考虑到旅游者擅自到无看护的游泳池游泳存在的潜在风险，仅仅告知游客不能前往泳池游泳，未尽力阻止游客，也未将"没有救生员"这一重要安全隐患亲自告知游客，未尽全面告知义务，存在过错。

同样，酒店作为履行辅助人，在没有配备救生员的情况下将泳池开放，事后也未及时对游客进行救助，也未尽到安全保障义务，对游客的溺亡存在过错。如果酒店在安全保障和及时救助措施的落实上更加到位，便可降低风险发生的概率。酒店在安全保障和及时救助方面存在不足，与游客的死亡具有因果关系，应当承担相应的损害赔偿责任。

游客在领队告知不能游泳之后，独自进泳池游泳，系其自主选择权利，旅行社与酒店无权禁止其下水活动。其作为具有完全行为能力的成年人，对自己的水性和身体情况更为了解，对周边环境及风险应当具备预判能力。游客本人没有对自身健康状况和周边环境作出谨慎评估，未尽到对自身安全的合理注意和对风险的合理防范义务，也应当对自身的死亡承担责任。

◆ 法律法规：

1.《旅游法》

第六十二条　订立包价旅游合同时，旅行社应当向旅游者告知下列事项：

（一）旅游者不适合参加旅游活动的情形；

（二）旅游活动中的安全注意事项；

（三）旅行社依法可以减免责任的信息；

（四）旅游者应当注意的旅游目的地相关法律、法规和风俗习惯、宗教禁忌，依照中国法律不宜参加的活动等；

（五）法律、法规规定的其他应当告知的事项。

在包价旅游合同履行中，遇有前款规定事项的，旅行社也应当告知旅游者。

第七十条　旅行社不履行包价旅游合同义务或者履行合同义务不符合约定的，应当依法承担继续履行、采取补救措施或者赔偿损失等违约责任；造成旅游者人身损害、财产损失的，应当依法承担赔偿责任。旅行社具备履行条件，经旅游者要求仍拒绝履行合同，造成旅游者人身损害、滞留等严重后果的，旅游者还可以要求旅行社支付旅游费用一倍以上三倍以下的赔偿金。

由于旅游者自身原因导致包价旅游合同不能履行或者不能按照约定履行，或者造成旅游者人身损害、财产损失的，旅行社不承担责任。

在旅游者自行安排活动期间，旅行社未尽到安全提示、救助义务的，应当对旅游者的人身损害、财产损失承担相应责任。

第七十一条　由于地接社、履行辅助人的原因导致违约的，由组团社承担责任；组团社承担责任后可以向地接社、履行辅助人追偿。

由于地接社、履行辅助人的原因造成旅游者人身损害、财产损失的，旅游者可以要求地接社、履行辅助人承担赔偿责任，也可以要求组团社承担赔偿责任；组团社承担责任后可以向地接社、履行辅助人追偿。但是，由于公共交通经营者的原因造成旅游者人身损害、财产损失的，由公共交通经营者依法承担赔偿责任，旅行社应当协助旅游者向公共交通经营者索赔。

第八十一条　突发事件或者旅游安全事故发生后，旅游经营者应当立即采取必要的救助和处置措施，依法履行报告义务，并对旅游者作出妥善安排。

2.《旅行社条例》

第三十九条第一款　旅行社对可能危及旅游者人身、财产安全的事项，应当向旅游者作出真实的说明和明确的警示，并采取防止危害发生的必要措施。

3.《最高人民法院关于审理旅游纠纷案件适用法律若干问题的规定》

第七条　旅游经营者、旅游辅助服务者未尽到安全保障义务，造成旅游者人身损害、财产损失，旅游者请求旅游经营者、旅游辅助服务者承担责任的，人民法院应予支持。

因第三人的行为造成旅游者人身损害、财产损失，由第三人承担责任；旅游经营者、旅游辅助服务者未尽安全保障义务，旅游者请求其承担相应补充责任的，人民法院应予支持。

第八条　旅游经营者、旅游辅助服务者对可能危及旅游者人身、财产安全的旅游项目未履行告知、警示义务，造成旅游者人身损害、财产损失，旅游者请求旅游经营者、旅游辅助服务者承担责任的，人民法院应予支持。

旅游者未按旅游经营者、旅游辅助服务者的要求提供与旅游活动相关的个人健康信息并履行如实告知义务，或者不听从旅游经营者、旅游辅助服务者的告知、警示，参加不适合自身条件的旅游活动，导致旅游过程中出现人身损害、财产损失，旅游者请求旅游经营者、旅游辅助服务者承担责任的，人民法院不予支持。

第十九条　旅游者在自行安排活动期间遭受人身损害、财产损失，旅游经营者未尽到必要的提示义务、救助义务，旅游者请求旅游经营者承担相应责任的，人民法院应予支持。

前款规定的自行安排活动期间，包括旅游经营者安排的在旅游行程中独立的自由活动期间、旅游者不参加旅游行程的活动期间以及旅游者经导游或者领队同意暂时离队的个人活动期间等。

4.《侵权责任法》

第二十六条　被侵权人对损害的发生也有过错的，可以减轻侵权人的责任。

第三十七条　宾馆、商场、银行、车站、娱乐场所等公共场所的管理人或者群众性活动的组织者，未尽到安全保障义务，造成他人损害的，应当承担侵权责

任。

因第三人的行为造成他人损害的，由第三人承担侵权责任；管理人或者组织者未尽到安全保障义务的，承担相应的补充责任。

5.《最高人民法院关于审理人身损害赔偿案件适用法律若干问题的解释》

第十七条　受害人遭受人身损害，因就医治疗支出的各项费用以及因误工减少的收入，包括医疗费、误工费、护理费、交通费、住宿费、住院伙食补助费、必要的营养费，赔偿义务人应当予以赔偿。

受害人因伤致残的，其因增加生活上需要所支出的必要费用以及因丧失劳动能力导致的收入损失，包括残疾赔偿金、残疾辅助器具费、被扶养人生活费，以及因康复护理、继续治疗实际发生的必要的康复费、护理费、后续治疗费，赔偿义务人也应当予以赔偿。

受害人死亡的，赔偿义务人除应当根据抢救治疗情况赔偿本条第一款规定的相关费用外，还应当赔偿丧葬费、被扶养人生活费、死亡补偿费以及受害人亲属办理丧葬事宜支出的交通费、住宿费和误工损失等其他合理费用。

第十八条　受害人或者死者近亲属遭受精神损害，赔偿权利人向人民法院请求赔偿精神损害抚慰金的，适用《最高人民法院关于确定民事侵权精神损害赔偿责任若干问题的解释》予以确定。

精神损害抚慰金的请求权，不得让与或者继承。但赔偿义务人已经以书面方式承诺给予金钱赔偿，或者赔偿权利人已经向人民法院起诉的除外。

四、游客酒店意外触电身亡，并案处理，彰显调处优势

◆ 案情描述：

游客冉某在某酒店住宿时，在酒店大堂闲坐时不慎脚踩到位于大堂茶几底下的插座，发生意外触电事故。事故发生后酒店拨打 120 急救电话，救护人员对冉某进行抢救，但因伤情过重，冉某最终经抢救无效死亡。

◆ 案件处理经过：

接到旅行社报案后，调处中心迅速介入处理，向旅行社了解事故详细过程，指导旅行社及时报警、上报旅游行政管理部门，安抚好现场的游客家属，准备好善后处理工作。调处员经过全面了解案情和涉事各方保险情况，制订了并案处理方案。由于游客在酒店大堂触电身亡，酒店在安全管理、安全设备设施方面存在问题，酒店是案件第一责任方，应当承担相应责任，因此，调处中心协助家属向责任方进行索赔。该酒店投保了公众责任保险，此次事故属于保险责任范围，经过调处员多次协调、沟通，最终各方对赔偿达成一致，由酒店承担全部赔偿责任。旅行社投保了抚慰金附加险，向游客家属支付 2 万元，作为旅行社人道主义补偿。

◆ 案例启示：

作为包价旅游产品的生产者，旅行社承担的是整个旅游链条责任，不仅要为自身的过错承担责任，也要为接受其委托、实际为旅游者提供服务的供应商的过错承担责任，还可能为不相关的第三方的过错承担责任，如第三方过错引发交通事故导致旅游者人身损伤的情形。有些事故的发生完全在旅行社预见之外，如本案中的旅游者触电身亡。总之，旅行社面临较高的经营风险，旅行社除加强自身的安全管理、严格执行安全相关法律法规、不放过任一细节外，一定要重视保险的作用，通过适当的保险产品转移风险。

旅责险是分散旅行社责任风险的保险，保障全面、额度充足的旅责险可以将旅行社风险转移出去。旅行社的供应商投保适当的责任险，转嫁了供应商的责任，也相应转嫁了旅行社的责任，避免了旅行社不能追偿的风险。而旅游者投保适当的人身意外伤害保险，虽不能直接减免旅行社的责任，但可缓解冲突，利于案件的调解解决，也能够保障旅游者的利益。基于前述，旅行社不仅要重视自身保险，还要关注供应商、旅游者的保险配置情况，多渠道控制风险。

◆ 专家点评:

安全保障义务主要是指从事住宿、餐饮、娱乐等经营活动或者其他群众性活动的自然人、法人、其他组织,应尽的合理限度范围内的使他人免受人身和财产损害的义务。宾馆、商场、银行、车站、娱乐场所等公共场所的管理人或者群众性活动的组织者,未尽到安全保障义务,造成他人损害的,应当承担侵权责任。

公众责任,是指致害人在公共活动场所由于疏忽或者过失等侵权行为,致使他人的人身或财产受到损害,依法由致害人承担的经济赔偿责任。公众责任保险,是指以公众责任为保险标的的保险,其承保的是被保险人在公共场所,因疏忽或意外事故等行为造成在该公共场所的消费者的人身或财产受到了损害,依法应由被保险人对第三者承担的损害赔偿责任。

本案酒店作为旅行社的履行辅助者,是公共场所的管理人,应当承担相应的安全保障义务。插座有触电的危险,酒店将插座安在茶几处,具有安全隐患,并没贴任何警示标语,导致游客意外触电造成人身伤亡,可认定为未尽到安全保障义务。该酒店购买公众责任保险,其保险标的为被保险人在被保险场所依法从事生产、经营等活动,因疏忽、过失导致意外事故,造成第三者人身或财产损失的赔偿责任。因此,在合同约定的保险期间,发生保险事故的,保险人应当承担保险责任。该酒店作为经营管理人,对其经营活动应尽到安全保障义务,保障消费者的人身安全,而该意外事故是因其未合理排除安全隐患,也未对游客进行风险告知而造成的,酒店对于该损害事实的发生,存在因果关系,应当承担侵权责任,故保险人在其范围内承担了赔偿责任。

◆ 法律法规:

1.《旅游法》

第七十条　旅行社不履行包价旅游合同义务或者履行合同义务不符合约定的,应当依法承担继续履行、采取补救措施或者赔偿损失等违约责任;造成旅游者人身损害、财产损失的,应当依法承担赔偿责任。旅行社具备履行条件,经旅游者要求仍拒绝履行合同,造成旅游者人身损害、滞留等严重后果的,旅游者还可以要求旅行社支付旅游费用一倍以上三倍以下的赔偿金。

由于旅游者自身原因导致包价旅游合同不能履行或者不能按照约定履行，或者造成旅游者人身损害、财产损失的，旅行社不承担责任。

在旅游者自行安排活动期间，旅行社未尽到安全提示、救助义务的，应当对旅游者的人身损害、财产损失承担相应责任。

第七十一条　由于地接社、履行辅助人的原因导致违约的，由组团社承担责任；组团社承担责任后可以向地接社、履行辅助人追偿。

由于地接社、履行辅助人的原因造成旅游者人身损害、财产损失的，旅游者可以要求地接社、履行辅助人承担赔偿责任，也可以要求组团社承担赔偿责任；组团社承担责任后可以向地接社、履行辅助人追偿。但是，由于公共交通经营者的原因造成旅游者人身损害、财产损失的，由公共交通经营者依法承担赔偿责任，旅行社应当协助旅游者向公共交通经营者索赔。

第八十一条　突发事件或者旅游安全事故发生后，旅游经营者应当立即采取必要的救助和处置措施，依法履行报告义务，并对旅游者作出妥善安排。

2.《最高人民法院关于审理旅游纠纷案件适用法律若干问题的规定》

第七条　旅游经营者、旅游辅助服务者未尽到安全保障义务，造成旅游者人身损害、财产损失，旅游者请求旅游经营者、旅游辅助服务者承担责任的，人民法院应予支持。

因第三人的行为造成旅游者人身损害、财产损失，由第三人承担责任；旅游经营者、旅游辅助服务者未尽安全保障义务，旅游者请求其承担相应补充责任的，人民法院应予支持。

3.《侵权责任法》

第二十六条　被侵权人对损害的发生也有过错的，可以减轻侵权人的责任。

第三十七条　宾馆、商场、银行、车站、娱乐场所等公共场所的管理人或者群众性活动的组织者，未尽到安全保障义务，造成他人损害的，应当承担侵权责任。

因第三人的行为造成他人损害的，由第三人承担侵权责任；管理人或者组织者未尽到安全保障义务的，承担相应的补充责任。

4.《最高人民法院关于审理人身损害赔偿案件适用法律若干问题的解释》

第十七条　受害人遭受人身损害，因就医治疗支出的各项费用以及因误工减少的收入，包括医疗费、误工费、护理费、交通费、住宿费、住院伙食补助费、必要的营养费，赔偿义务人应当予以赔偿。

受害人因伤致残的，其因增加生活上需要所支出的必要费用以及因丧失劳动能力导致的收入损失，包括残疾赔偿金、残疾辅助器具费、被扶养人生活费，以及因康复护理、继续治疗实际发生的必要的康复费、护理费、后续治疗费，赔偿义务人也应当予以赔偿。

受害人死亡的，赔偿义务人除应当根据抢救治疗情况赔偿本条第一款规定的相关费用外，还应当赔偿丧葬费、被扶养人生活费、死亡补偿费以及受害人亲属办理丧葬事宜支出的交通费、住宿费和误工损失等其他合理费用。

第十八条　受害人或者死者近亲属遭受精神损害，赔偿权利人向人民法院请求赔偿精神损害抚慰金的，适用《最高人民法院关于确定民事侵权精神损害赔偿责任若干问题的解释》予以确定。

精神损害抚慰金的请求权，不得让与或者继承。但赔偿义务人已经以书面方式承诺给予金钱赔偿，或者赔偿权利人已经向人民法院起诉的除外。

五、游客被大浪卷走，旅行社未尽安全防范义务，需承担责任

◆ 案情描述：

某旅行社组织游客在景区"海滨栈道"游览时，突遇大风，海上连续三个巨浪拍岸，致使多人摔倒，三名女性游客被卷入大海。其中一名女性游客在被卷入大海后，落在礁石的石缝中间，有多处跌伤，挣扎着爬上海岸，另两位女性游客，在卷入大海后失踪。景区和旅行社工作人员经过长时间寻找，分别于次日早晨和下午找到失踪的两位游客遗体。两位罹难者均为独生子女，其父母均已50多岁。游客家属以罹难者为高薪行业职工为由提出高额赔偿诉求。

◆ 案件处理经过：

接到报案后，调处中心立即前往事发地了解案情，并进行现场勘察。经过查勘发现，景区存在如下问题：安全警示标识落实不到位；安全管理人员在事故发生时不在岗，在遇到大风浪时，未有工作人员对危险区域进行安全管控和对景区内的游客进行疏导；安全防护装置不达标，事故发生时防护栏为横向间隔有30厘米之大的尼龙绳，且没有纵向交叉，以形成网格状，存在极大的风险隐患。调处员以此判断景区在此次事故中应负有较大责任。调处员同时了解到旅行社在行程开始前，未对旅游活动中的风险尽到提示、告知义务，也没有必要的安全防范措施，在安全保障义务上也存在瑕疵，因此也应承担一定责任。在对事实和法律进行分析后，调处中心组织涉事各方进行调解，耐心地倾听家属的意见，分析责任和法律规定，经过多轮多次的磋商和调解，景区承担此次事故的85%责任，旅行社承担15%的责任；最终景区和旅行社与罹难者家属达成赔偿协议，此案经调解结案。

◆ 案例启示：

旅行社设计旅游线路，自行或者通过采购供应商的服务加上自己的导游、领队服务，打包组合成旅游产品，以总价销售给旅游者，就好比工业产品的生产者从不同供应商采购零配件或设备，集成组装成新产品，销售给其他主体一样，需要为最终产品的质量承担责任。因此，旅行社不仅受《旅游法》的约束，也受《产品质量法》《消费者权益保护法》以及《安全生产法》等法律法规的制约。旅行社应当保证其提供的商品或者服务符合保障人身、财产安全的要求，不得存在可能危及旅游者人身、财产安全的危险；旅行社应当委托合格供应商提供服务；旅行社应当就旅游过程中可能危及旅游者安全的事项告知旅游者，并采取安全防范措施。旅行社违反安全保障义务造成旅游者人身伤亡事故，不仅意味着要承担民事责任，还意味着可能承担行政责任，严重者，其负责人、直接责任人还要承担刑事责任。《刑法》规定，对生产、作业负有组织、指挥或者管理职责的负责人、管理人员、实际控制人、投资人等人员，以及直接从事生产、作业的人员，在生产、作业时违反安全管理规定，造成一人以上死亡等情形的，构成重大事故责任罪，可能处以有期徒刑或者拘役刑罚。

本案发生在海边，大海气象瞬息万变，险象丛生，属于风险较高地区。旅行社在对景区资质、安全保障能力的考察以及安全告知、警示、风险防范方面均应尽到更高的注意义务。海边游泳、戏水甚至漫步时被巨浪卷走致死的事故时有发生，涉事景区开设海边栈道，应对海浪袭击伤人这一高风险事件采取完善的安全措施，建立防护牢固的隔离带，确保旅游者的安全；并设立警示牌，对旅游者作出充分的警示；同时配备安全员、救生员、搜救员等救助人员，以便发生事故时能够及时救助；制定应对天气变化等各种突发事件的预案，对不同气象下的应对作出周密安排。景区规定六级风力时，游览栈道关闭，事故之日景区已经收到风力 4、5 级的预报，却没有采取任何应对。景区在告知、采取安全措施及救助方面均存在缺失。旅行社亦未对海边旅游这一高风险事件进行风险告知、警示，未进行安全注意事项的说明，对于风浪较大天气，未采取任何防范性措施。对于景区的安全保障能力、安全保障措施未进行考察，在选任、监督方面具有较大过错。

◆ 专家点评：

旅行社组织游客旅游，应当充分考虑天气等因素对旅游项目开展的影响。具体到本案中，旅行社对恶劣天气的防患意识应当高于游客，且负有保障游客安全的责任，应以游客安全第一为宗旨，依诚实信用原则并结合当时的天气情况对是否调整行程作出正确判断。在旅游项目开展后，旅行社没有对天气变化保持高度的敏感，不顾恶劣天气的影响，坚持带游客冒险进入游览栈道的错误行为，导致游客处于遭受海浪卷席的险境，致使三名游客被卷入海中，致两人死亡，一人受伤，其主观上具有过错，未尽到充分的安全保障义务。

景区作为履行辅助人，尤其是易受天气影响的自然景区，更应当注意天气、自然灾害等因素对旅游项目的影响，景区从事的是以观光为内容的经营性活动，既是旅游项目经营者，又是景区的管理者，负有保障游客安全的义务，应当对于景区给予更加谨慎的管理和注意。对缆道等设备应当采取必要的防护加固等措施，防止危险的发生。游客受伤后，景区应负有以最大努力落实救助的义务，但三位游客被海浪卷走后，未及时下海搜救，错失最佳救助时期。现场也未采取任何急救措施。没有达到紧急救援的要求。景区在游客被卷走之后，并未尽到最大救助努力，导致损害后果进一步扩大，应承担相应的民事赔偿责任。

　　作为旅行社，应当对其主要线路产品进行相应的安全评估，在选择餐饮、住宿、交通、游览等辅助供应商时，应尽到审慎选择的义务，对采购和提供的产品和服务进行安全检查，对安全不符合法规要求的产品和服务要尽到督促整改或者另行采购，以减少类似案件带来的风险。

　　景区等履行辅助人也应当制订应对气象等自然灾害的应对方案，及时根据气象条件调整景区开放情况，加强设备、设施的防护，增加专业救助人员，最大限度降低游客伤亡的风险。

◆ 法律法规：

1.《旅游法》

第六十二条　订立包价旅游合同时，旅行社应当向旅游者告知下列事项：

（一）旅游者不适合参加旅游活动的情形；

（二）旅游活动中的安全注意事项；

（三）旅行社依法可以减免责任的信息；

（四）旅游者应当注意的旅游目的地相关法律、法规和风俗习惯、宗教禁忌，依照中国法律不宜参加的活动等；

（五）法律、法规规定的其他应当告知的事项。

在包价旅游合同履行中，遇有前款规定事项的，旅行社也应当告知旅游者。

第七十条　旅行社不履行包价旅游合同义务或者履行合同义务不符合约定的，应当依法承担继续履行、采取补救措施或者赔偿损失等违约责任；造成旅游者人身损害、财产损失的，应当依法承担赔偿责任。旅行社具备履行条件，经旅游者要求仍拒绝履行合同，造成旅游者人身损害、滞留等严重后果的，旅游者还可以要求旅行社支付旅游费用一倍以上三倍以下的赔偿金。

由于旅游者自身原因导致包价旅游合同不能履行或者不能按照约定履行，或者造成旅游者人身损害、财产损失的，旅行社不承担责任。

在旅游者自行安排活动期间，旅行社未尽到安全提示、救助义务的，应当对旅游者的人身损害、财产损失承担相应责任。

第七十一条　由于地接社、履行辅助人的原因导致违约的，由组团社承担责任；组团社承担责任后可以向地接社、履行辅助人追偿。

由于地接社、履行辅助人的原因造成旅游者人身损害、财产损失的，旅游者可以要求地接社、履行辅助人承担赔偿责任，也可以要求组团社承担赔偿责任；组团社承担责任后可以向地接社、履行辅助人追偿。但是，由于公共交通经营者的原因造成旅游者人身损害、财产损失的，由公共交通经营者依法承担赔偿责任，旅行社应当协助旅游者向公共交通经营者索赔。

第八十一条　突发事件或者旅游安全事故发生后，旅游经营者应当立即采取必要的救助和处置措施，依法履行报告义务，并对旅游者作出妥善安排。

2.《旅行社条例》

第三十九条第一款　旅行社对可能危及旅游者人身、财产安全的事项，应当向旅游者作出真实的说明和明确的警示，并采取防止危害发生的必要措施。

3.《最高人民法院关于审理旅游纠纷案件适用法律若干问题的规定》

第七条　旅游经营者、旅游辅助服务者未尽到安全保障义务，造成旅游者人身损害、财产损失，旅游者请求旅游经营者、旅游辅助服务者承担责任的，人民法院应予支持。

因第三人的行为造成旅游者人身损害、财产损失，由第三人承担责任；旅游经营者、旅游辅助服务者未尽安全保障义务，旅游者请求其承担相应补充责任的，人民法院应予支持。

第八条　旅游经营者、旅游辅助服务者对可能危及旅游者人身、财产安全的旅游项目未履行告知、警示义务，造成旅游者人身损害、财产损失，旅游者请求旅游经营者、旅游辅助服务者承担责任的，人民法院应予支持。

旅游者未按旅游经营者、旅游辅助服务者的要求提供与旅游活动相关的个人健康信息并履行如实告知义务，或者不听从旅游经营者、旅游辅助服务者的告知、警示，参加不适合自身条件的旅游活动，导致旅游过程中出现人身损害、财产损失，旅游者请求旅游经营者、旅游辅助服务者承担责任的，人民法院不予支持。

4.《侵权责任法》

第二十六条　被侵权人对损害的发生也有过错的，可以减轻侵权人的责任。

第三十七条　宾馆、商场、银行、车站、娱乐场所等公共场所的管理人或者群众性活动的组织者，未尽到安全保障义务，造成他人损害的，应当承担侵权责任。

因第三人的行为造成他人损害的，由第三人承担侵权责任；管理人或者组织者未尽到安全保障义务的，承担相应的补充责任。

5.《最高人民法院关于审理人身损害赔偿案件适用法律若干问题的解释》

第十七条　受害人遭受人身损害，因就医治疗支出的各项费用以及因误工减少的收入，包括医疗费、误工费、护理费、交通费、住宿费、住院伙食补助费、必要的营养费，赔偿义务人应当予以赔偿。

受害人因伤致残的，其因增加生活上需要所支出的必要费用以及因丧失劳动能力导致的收入损失，包括残疾赔偿金、残疾辅助器具费、被扶养人生活费，以及因康复护理、继续治疗实际发生的必要的康复费、护理费、后续治疗费，赔偿义务人也应当予以赔偿。

受害人死亡的，赔偿义务人除应当根据抢救治疗情况赔偿本条第一款规定的相关费用外，还应当赔偿丧葬费、被扶养人生活费、死亡补偿费以及受害人亲属办理丧葬事宜支出的交通费、住宿费和误工损失等其他合理费用。

第十八条　受害人或者死者近亲属遭受精神损害，赔偿权利人向人民法院请求赔偿精神损害抚慰金的，适用《最高人民法院关于确定民事侵权精神损害赔偿责任若干问题的解释》予以确定。

精神损害抚慰金的请求权，不得让与或者继承。但赔偿义务人已经以书面方式承诺给予金钱赔偿，或者赔偿权利人已经向人民法院起诉的除外。

6.《中华人民共和国刑法》

第一百三十四条　在生产、作业中违反有关安全管理的规定，因而发生重大伤亡事故或者造成其他严重后果的，处三年以下有期徒刑或者拘役；情节特别恶劣的，处三年以上七年以下有期徒刑。

强令他人违章冒险作业，因而发生重大伤亡事故或者造成其他严重后果的，处五年以下有期徒刑或者拘役；情节特别恶劣的，处五年以上有期徒刑。

六、未成年游客摔倒致残，旅行社未尽安保义务，应承担责任

◆ 案情描述：

学生涂某随学校高三年级参加某旅行社组织的省内研学游活动。晚上九点，游客在乘坐大巴车返回宾馆途中时，因前面有车抛锚导致道路堵塞无法行进，司机就地将大巴车停在陡峭的河道边，要求学生和旅行社工作人员下车步行至宾馆门口，当时学校和旅行社都未提出异议。由于当时下雨天黑路滑，学生涂某行走时不慎掉入河道，学校和旅行社工作人员马上将涂某送往医院治疗，涂某伤情经医院诊断为腰椎骨折，进行内固定手术，出院医嘱要求全休3个月，定期复查。学生家长要求旅行社赔偿60余万元。

◆ 案件处理经过：

接到报案后，调处中心对案情进行分析，并对各方的保险情况进行了解。学校和旅行社为受伤学生投保了意外险，校方投保了校责险，旅行社投保了旅责险，鉴于保险较为充足，调处员制订了充分通过各方保险来解决赔偿问题的方案。

对于学生家长的高额索赔，调处人员以自己的专业能力和沟通技巧详细解释了各个项目的赔付依据及标准，耐心回复家属的疑问，最终降低了家属的诉求。对于合理的损失，通过学平险、游客意外险和旅责险、校方责任险来分担，最终各方达成一致赔偿意见。

◆ 案例启示：

旅行社作为旅游合同的一方当事人，有完全履行合同的义务，有安全保障、危险警示、提醒义务。旅行社组织未成年人旅游，更应该审慎地行使安全监护义务。因游客均系未成年人，对环境的综合判断以及自身行为的后果判断上有欠缺，

旅行社在行使安全保障义务上应承担更大的责任。

本案中，在遇到突发情况时，司机采取了让游客及工作人员下车的办法。旅行社工作人员在明知停车处位于陡峭的河边的情况下，并没有提出异议，没有对学生进行风险告知以及危险警示，导致一名未成年游客摔倒受伤，旅行社并没有尽到充分的安全保障义务，应当对该游客的人身损害承担责任。

中小学生研学旅行安全是学生安全与旅行安全两个安全维度的交集。研学旅行的主体为未成年人群体，研学旅行活动具有集体性，参加研学旅行一般是一个班的全部学生或一个年级、一个学校的部分或全部学生。中小学生基本是未成年人，不具备完全民事行为能力，研学旅行的学生管理工作相较于在校期间复杂性和难度都非常大。

研学旅行的目的地即研学营地，是学校以外的场所，如旅游景点、科技馆、博物馆、军营、工厂等，基本上都远离学校，一般是跨城市甚至跨国家，师生需要在研学营地集中食宿并滞留数日。于师生来说身处异国他乡，可能存在文化习俗、饮食习惯、气候条件等方面的适应障碍，增加了研学旅行的安全风险。

组织未成年人旅游，与组织老年人旅游相类似，旅行社需要更加审慎地对其进行安全保障，对未成年人进行安全教育，梳理出旅游的交通、住宿、景区、购物、饮食、目的地安全风险等各方面情况，总结安全注意事项，向未成年人进行详细说明和告知。同样，在组织旅行的过程中，更应当加强旅游途中的安全管理。旅行社工作人员在旅游行程中，应切实提高安全防范意识，加强安全管理。在乘坐交通工具时，应及时提示全体游客遵守安全规定，服从工作人员安排；上下交通工具时，及时清点人数。游览临崖、临水、临洞等危险区域时，应不断提示注意安全，保护好未成年人。

◆ 专家点评：

依据相关法律规定，学校对于在校的未成年学生负有教育、管理、保护的义务，学校对于限制民事行为能力人在学校学习期间受到的人身损害，承担过错责任。学校组织的研学活动视同在校学习的延伸，因此，学校对于组织的研学活动仍需承担教育、管理、保护义务。学校为开展研学活动委托旅行社承办的，旅行社对参加研学的学生负有安全保障义务，旅行社对其委托的履行辅助人的过错也应承担赔偿责任。即学校与旅行社共同承担保障学生研学期间安全的责任，各司其职，各担其责。

本案中，下雨路滑的晚上，旅行社安排的大巴车因堵车停靠在陡峭的河道边，要求师生们走回宾馆。此项安排本身存在安全隐患，旅行社应当预见到天黑路滑，未成年人的安全意识相对较弱，存在掉入河道的可能性，不应当冒此风险，而应采取其他安全的替代方案。在难以找到替代方案，师生们又想早点回到宾馆并愿意行走时，旅行社应在评估确保风险可控后，对这一危险情形作出警示告知，提示谨慎慢行，尽量避开河边行走，并提供照明灯，为师生们照亮行走的道路。案例中看不出大巴司机、旅行社导游决策前的安全评估，也看不到旅行社告知警示与采取安全防范措施，旅行社未尽到安全保障义务，旅行社对于学生掉落河道受伤的后果具有过错，应当承担赔偿责任。

◆ 法律法规：

1.《旅游法》

第六十二条　订立包价旅游合同时，旅行社应当向旅游者告知下列事项：

（一）旅游者不适合参加旅游活动的情形；

（二）旅游活动中的安全注意事项；

（三）旅行社依法可以减免责任的信息；

（四）旅游者应当注意的旅游目的地相关法律、法规和风俗习惯、宗教禁忌，依照中国法律不宜参加的活动等；

（五）法律、法规规定的其他应当告知的事项。

在包价旅游合同履行中，遇有前款规定事项的，旅行社也应当告知旅游者。

第七十条　旅行社不履行包价旅游合同义务或者履行合同义务不符合约定的，应当依法承担继续履行、采取补救措施或者赔偿损失等违约责任；造成旅游者人身损害、财产损失的，应当依法承担赔偿责任。旅行社具备履行条件，经旅游者要求仍拒绝履行合同，造成旅游者人身损害、滞留等严重后果的，旅游者还可以要求旅行社支付旅游费用一倍以上三倍以下的赔偿金。

由于旅游者自身原因导致包价旅游合同不能履行或者不能按照约定履行，或者造成旅游者人身损害、财产损失的，旅行社不承担责任。

在旅游者自行安排活动期间，旅行社未尽到安全提示、救助义务的，应当对旅游者的人身损害、财产损失承担相应责任。

第七十一条　由于地接社、履行辅助人的原因导致违约的，由组团社承担责任；组团社承担责任后可以向地接社、履行辅助人追偿。

由于地接社、履行辅助人的原因造成旅游者人身损害、财产损失的，旅游者可以要求地接社、履行辅助人承担赔偿责任，也可以要求组团社承担赔偿责任；组团社承担责任后可以向地接社、履行辅助人追偿。但是，由于公共交通经营者的原因造成旅游者人身损害、财产损失的，由公共交通经营者依法承担赔偿责任，旅行社应当协助旅游者向公共交通经营者索赔。

第八十一条　突发事件或者旅游安全事故发生后，旅游经营者应当立即采取必要的救助和处置措施，依法履行报告义务，并对旅游者作出妥善安排。

2.《旅行社条例》

第三十九条第一款　旅行社对可能危及旅游者人身、财产安全的事项，应当向旅游者作出真实的说明和明确的警示，并采取防止危害发生的必要措施。

3.《最高人民法院关于审理旅游纠纷案件适用法律若干问题的规定》

第七条　旅游经营者、旅游辅助服务者未尽到安全保障义务，造成旅游者人身损害、财产损失，旅游者请求旅游经营者、旅游辅助服务者承担责任的，人民法院应予支持。

因第三人的行为造成旅游者人身损害、财产损失，由第三人承担责任；旅游经营者、旅游辅助服务者未尽安全保障义务，旅游者请求其承担相应补充责任的，人民法院应予支持。

第八条　旅游经营者、旅游辅助服务者对可能危及旅游者人身、财产安全的旅游项目未履行告知、警示义务，造成旅游者人身损害、财产损失，旅游者请求旅游经营者、旅游辅助服务者承担责任的，人民法院应予支持。

旅游者未按旅游经营者、旅游辅助服务者的要求提供与旅游活动相关的个人健康信息并履行如实告知义务，或者不听从旅游经营者、旅游辅助服务者的告知、警示，参加不适合自身条件的旅游活动，导致旅游过程中出现人身损害、财产损失，旅游者请求旅游经营者、旅游辅助服务者承担责任的，人民法院不予支持。

4.《最高人民法院关于审理人身损害赔偿案件适用法律若干问题的解释》

第十七条　受害人遭受人身损害，因就医治疗支出的各项费用以及因误工减少的收入，包括医疗费、误工费、护理费、交通费、住宿费、住院伙食补助费、必要的营养费，赔偿义务人应当予以赔偿。

受害人因伤致残的，其因增加生活上需要所支出的必要费用以及因丧失劳动能力导致的收入损失，包括残疾赔偿金、残疾辅助器具费、被扶养人生活费，以及因康复护理、继续治疗实际发生的必要的康复费、护理费、后续治疗费，赔偿义务人也应当予以赔偿。

受害人死亡的，赔偿义务人除应当根据抢救治疗情况赔偿本条第一款规定的相关费用外，还应当赔偿丧葬费、被扶养人生活费、死亡补偿费以及受害人亲属办理丧葬事宜支出的交通费、住宿费和误工损失等其他合理费用。

第十八条　受害人或者死者近亲属遭受精神损害，赔偿权利人向人民法院请求赔偿精神损害抚慰金的，适用《最高人民法院关于确定民事侵权精神损害赔偿责任若干问题的解释》予以确定。

精神损害抚慰金的请求权，不得让与或者继承。但赔偿义务人已经以书面方式承诺给予金钱赔偿，或者赔偿权利人已经向人民法院起诉的除外。

七、游客酒店摔伤，旅行社承担次要责任

◆ 案情描述：

游客李某参加了某旅行社组织的二日游。在住宿时，李某在酒店卫生间内因地面湿滑不慎摔倒受伤。事故发生后，旅行社将李某紧急送往医院接受治疗。最终医院诊断为"右膝关节交叉韧带止点撕脱骨折"，李某治疗期间共住院17天，总计花费20056.94元。在事故处理中，游客李某以旅行社未尽到安全保障义务为

由提出索赔，要求旅行社承担全部医疗费、误工费、护理费等损失共计6万余元。

◆ 案件处理经过：

接到报案后，调处中心立即与旅行社报案人进行联系，了解案件情况和客人伤情，并指导旅行社及报案人做好现场取证留存工作，与酒店方积极沟通承担赔偿责任，当天调处员到达事故现场进行查勘，前往医院看望并安慰伤者。

游客李某要求旅行社承担本次事故的医疗费、误工费、护理费等损失，在酒店方不配合的情况下，调处中心组织游客及旅行社双方进行调解。双方争议的焦点在于旅行社是否尽到谨慎选择合格履行辅助人和安全提醒告知义务，旅行社是否依法承担赔偿责任。

在调解过程中家属情绪比较激动，认为本次行程是由旅行社安排不妥当，导致事故的发生，要求旅行社承担各项损失6万余元，随后调处员耐心安慰积极劝导，使双方情绪都得以平静，从而使调解顺利的进行。调处员拿出了事发时酒店卫生间照片资料，可以看出事故现场卫生间灯光明亮，四周墙壁或地面未标有"小心地面湿滑"的标语提示，但酒店已经提供防滑垫。调处员认为酒店作为履行辅助人未尽到安全保障义务，主观上具有一定的过错，应对李某在本次事故中所受伤害承担一定的赔偿责任。而李某作为一个成年人，是完全具有民事行为能力的人，在旅游过程中应当注意自身安全并采取相应防范措施，就卫生间地面可以判断出是否湿滑进而小心行动。故李某在此次事故中也需要承担一定的责任，在调处员为双方耐心讲解并认真地分析后，最终旅行社同意对李某此次事故中所遭受的损失承担20%的赔偿责任，游客对此次结果也较为满意，双方就赔偿问题达成共识，本次事故成功调解结束。

◆ 案例启示：

旅行社作为经营旅游业务的专业公司，应当提供符合安全保障的服务，对可预知危及旅游者人身、财产安全的相关事项，应当提前向旅游者作出真实说明和明确警示，并采取防止危害发生的措施。同时，旅行社在选择酒店的过程当中，应当谨慎选择，综合评估其实力，选择正规的、实力品牌雄厚的履行辅助人也是对自己风险的转嫁。同时，旅行社还应考察酒店的设施设备及服务是否符合安全要求，尤其对于容易引发安全事故的场所、酒店是否具有完善的应急救助系统，应急处理能力是否符合要求等方面进行重点核查。酒店的安全保障能力应作为重点考察要素。同时，旅行社应注意的是，旅行社对于酒店过错向旅游者承担责任后，可以要求旅责险在保险金额范围内承担保险责任，也可以向酒店追偿。因此，旅行社在选择酒店时，应另外关注酒店是否具备责任能力以及其投保责任保险情况，以避免或减少损害发生，并在发生事故后能及时予以解决，即使先行承担，也能够进行追偿。

◆ 专家点评：

包价旅游法律关系中，旅行社委托酒店向旅游者提供住宿、娱乐与餐饮等服务，酒店成为旅行社为旅游者提供包价旅游服务的履行辅助人。因旅游经营者、履行辅助人原因导致旅游者人身损害的，须承担相应赔偿责任。因此，酒店摔伤事故责任的认定规则直接影响着旅行社的责任。

依据酒店摔伤事故案件的判决书，对酒店摔伤事故中责任认定规则进行比较、分析，归纳酒店摔伤事故纠纷裁判的适用规则，大致分为以下五类。

规则一：酒店作为公共场所管理者，应保障入店客人的人身安全；对于可能造成旅游者人身损害、财产损失的情形，应作出真实说明及明确警示，并采取适当措施防范危险的发生。酒店未能对危险事项警示、说明，并采取防范措施，而个人并无过错的，酒店、旅行社对旅游者因此遭受的人身损伤承担全部赔偿责任。

规则二：因酒店提供的设备设施有瑕疵、安全告知警示缺失或不完善、未采取合理适当的防范措施等，而导致旅游者受到人身伤害，旅游经营者需对事故损失承担赔偿责任；旅游者未审慎注意安全，过错程度轻微的，应对损害后果承担次要责任。

规则三：旅游经营者作为旅游服务的提供者，应当对旅游者尽到安全保障义务。因旅行社指定酒店在设施设备方面存有瑕疵或者提供服务方面存在安全隐患，致使旅游者受伤，旅行社应承担相应的违约责任。旅游者作为完全民事行为能力人，未对自身安全尽到应有的注意义务，与旅行社对自身损害后果承担同等责任。

规则四：旅游者在酒店受到人身损害时，旅游经营者履行安全告知、警示义务不完全或者未及时救助的，需对事故损失承担次要责任。本案即适用此类规则，酒店未对卫生间湿滑这一可能引起人伤事故的危险情形以标牌形式警示告知，存在告知义务履行瑕疵。但旅游者在卫生间滑倒，在酒店已经采取了防滑措施（提供防滑垫）的情形下，主要系其疏忽大意导致，对于卫生间湿滑这一生活常识未能谨慎注意，应承担主要责任。

规则五：旅游者应审慎注意自身安全。旅游者在酒店住宿期间人身受到损害，损害来源系日常生活中常见事项，自身未尽安全注意义务，且酒店提供的设施设备、安全告知警示及救助义务均不存在瑕疵时，旅行社对于旅游者的损害后果不承担赔偿责任。

◆ 法律法规：

1.《旅游法》

第六十二条　订立包价旅游合同时，旅行社应当向旅游者告知下列事项：

（一）旅游者不适合参加旅游活动的情形；

（二）旅游活动中的安全注意事项；

（三）旅行社依法可以减免责任的信息；

（四）旅游者应当注意的旅游目的地相关法律、法规和风俗习惯、宗教禁忌，依照中国法律不宜参加的活动等；

（五）法律、法规规定的其他应当告知的事项。

在包价旅游合同履行中，遇有前款规定事项的，旅行社也应当告知旅游者。

第七十条　旅行社不履行包价旅游合同义务或者履行合同义务不符合约定的，应当依法承担继续履行、采取补救措施或者赔偿损失等违约责任；造成旅游者人身损害、财产损失的，应当依法承担赔偿责任。旅行社具备履行条件，经旅游者要求仍拒绝履行合同，造成旅游者人身损害、滞留等严重后果的，旅游者还可以要求旅行社支付旅游费用一倍以上三倍以下的赔偿金。

由于旅游者自身原因导致包价旅游合同不能履行或者不能按照约定履行，或者造成旅游者人身损害、财产损失的，旅行社不承担责任。

在旅游者自行安排活动期间，旅行社未尽到安全提示、救助义务的，应当对旅游者的人身损害、财产损失承担相应责任。

第七十一条　由于地接社、履行辅助人的原因导致违约的，由组团社承担责任；组团社承担责任后可以向地接社、履行辅助人追偿。

由于地接社、履行辅助人的原因造成旅游者人身损害、财产损失的，旅游者可以要求地接社、履行辅助人承担赔偿责任，也可以要求组团社承担赔偿责任；组团社承担责任后可以向地接社、履行辅助人追偿。但是，由于公共交通经营者的原因造成旅游者人身损害、财产损失的，由公共交通经营者依法承担赔偿责任，旅行社应当协助旅游者向公共交通经营者索赔。

第八十一条　突发事件或者旅游安全事故发生后，旅游经营者应当立即采取必要的救助和处置措施，依法履行报告义务，并对旅游者作出妥善安排。

2.《旅行社条例》

第三十九条第一款　旅行社对可能危及旅游者人身、财产安全的事项，应当向旅游者作出真实的说明和明确的警示，并采取防止危害发生的必要措施。

3.《最高人民法院关于审理旅游纠纷案件适用法律若干问题的规定》

第七条　旅游经营者、旅游辅助服务者未尽到安全保障义务，造成旅游者人身损害、财产损失，旅游者请求旅游经营者、旅游辅助服务者承担责任的，人民法院应予支持。

因第三人的行为造成旅游者人身损害、财产损失，由第三人承担责任；旅游经营者、旅游辅助服务者未尽安全保障义务，旅游者请求其承担相应补充责任的，人民法院应予支持。

第八条　旅游经营者、旅游辅助服务者对可能危及旅游者人身、财产安全的旅游项目未履行告知、警示义务，造成旅游者人身损害、财产损失，旅游者请求旅游经营者、旅游辅助服务者承担责任的，人民法院应予支持。

旅游者未按旅游经营者、旅游辅助服务者的要求提供与旅游活动相关的个人健康信息并履行如实告知义务，或者不听从旅游经营者、旅游辅助服务者的告知、警示，参加不适合自身条件的旅游活动，导致旅游过程中出现人身损害、财产损失，旅游者请求旅游经营者、旅游辅助服务者承担责任的，人民法院不予支持。

4.《侵权责任法》

第二十六条　被侵权人对损害的发生也有过错的，可以减轻侵权人的责任。

第三十七条　宾馆、商场、银行、车站、娱乐场所等公共场所的管理人或者群众性活动的组织者，未尽到安全保障义务，造成他人损害的，应当承担侵权责任。

因第三人的行为造成他人损害的，由第三人承担侵权责任；管理人或者组织者未尽到安全保障义务的，承担相应的补充责任。

5.《最高人民法院关于审理人身损害赔偿案件适用法律若干问题的解释》

第十七条　受害人遭受人身损害，因就医治疗支出的各项费用以及因误工减少的收入，包括医疗费、误工费、护理费、交通费、住宿费、住院伙食补助费、必要的营养费，赔偿义务人应当予以赔偿。

受害人因伤致残的，其因增加生活上需要所支出的必要费用以及因丧失劳动能力导致的收入损失，包括残疾赔偿金、残疾辅助器具费、被扶养人生活费，以及因康复护理、继续治疗实际发生的必要的康复费、护理费、后续治疗费，赔偿义务人也应当予以赔偿。

受害人死亡的，赔偿义务人除应当根据抢救治疗情况赔偿本条第一款规定的相关费用外，还应当赔偿丧葬费、被扶养人生活费、死亡补偿费以及受害人亲属办理丧葬事宜支出的交通费、住宿费和误工损失等其他合理费用。

第十八条　受害人或者死者近亲属遭受精神损害，赔偿权利人向人民法院请求赔偿精神损害抚慰金的，适用《最高人民法院关于确定民事侵权精神损害赔偿责任若干问题的解释》予以确定。

精神损害抚慰金的请求权，不得让与或者继承。但赔偿义务人已经以书面方式承诺给予金钱赔偿，或者赔偿权利人已经向人民法院起诉的除外。

ノ丶丶、 游客骑马摔伤，旅行社不能举证履行了安保义务，被判承担责任

◆ 案情描述：

游客张某等人参加某旅行社组织的贵州七日亲子营旅游。张某在某景区参加骑马活动时，从马背上坠落，导致右肩等多处骨折。张某的伤情后经司法鉴定机构鉴定，分别构成九级、十级伤残。游客以旅行社未尽到安全保障义务为由，向旅行社提出 47 万余元的赔偿要求。

◆ 案件处理经过：

因双方就赔偿比例问题分歧较大，无法达成调解，随后游客将旅行社诉至法院。经法院审理认为：本案的争议焦点是张某在骑马时掉下受伤，旅行社是否存在过错，须承担多少责任。首先，张某是完全民事行为能力人，应当对骑马活动的危险性具有完全的认知，对骑马过程中的注意事宜应当具有一定了解，因此对骑马活动过程中应当按照一般人的认识来规范自己的行为，对骑马应当具备相关认知和避免能力。其在骑马中为了拍照双手脱离马鞍，这一危险动作只要马稍微有一点起伏就会引发坠落受伤的危险，故其未尽到相应的安全和注意义务，对于损害的发生，本人应承担相应的民事责任。其次，旅行社作为旅游经营者，应当保证所提供的旅游服务符合保障旅游者人身、财产安全的要求，并对可能危及旅游者人身、财产安全的旅游项目履行告知、警示义务。因本案中，旅行社未能举证证明其履行了告知、警示义务，故法院认定旅行社对损害发生存在过错，应承担相应责任。综上，根据原、被告的过错大小，法院判定旅行社承担 30% 的责任。

◆ 案例启示：

骑马、蹦极、漂流、浮潜、游泳这类旅游中经常安排的项目，都属于高风险活动，旅游经营者对这类活动要进行特别提示和额外关注。旅行社作为带领游客旅游的旅游经营者，应当保证其提供的服务符合保障游客人身、财产安全的要求，对可能危及旅游者人身、财产安全的旅游服务项目，应当作出真实的说明告知和明确的警示，并采取防止危害发生的措施。但在法庭审理过程当中，旅行社未能举证证明其完全履行了上述义务。因此被法院认定其所提供的服务不完全符合履行合同要求，对游客受伤造成的损失应承担相应的违约责任。

游客作为完全民事行为能力人，应该对骑马项目可能给人身、财产安全造成的危险有所预见，根据自身情况尽可能理智地选择是否参加骑马项目，在可预见的范围内尽可能防止危险的发生，应有安全防范能力，在参加骑马活动中如未经培训及安全提示应审慎选择。但其在旅游活动中，对骑马活动的危险性估计不足，导致其自身受伤，本人也应对此承担相应的责任。

旅行社要对游客尽到相应的安全保障义务，导游仅在车上向游客讲述骑马的常规注意事项明显不足，更需要做出危险警示，将骑马的风险后果告知游客，并且旅行社要在旅游项目的整个过程中都做到谨慎地防范和救助，才能最大限度减少自身的风险。安全保障义务并不轻松，导游或领队是否告知，告知是否详细，能否确保每一位游客都准确知晓告知的内容，都需要旅行社做好每一步并且保留好证据。

◆ 专家点评：

《民事诉讼法》第六十四条第一款规定，当事人对自己提出的主张，有责任提供证据。本案旅行社在行程中安排了骑马活动，但在旅游合同及行程告知中均未对骑马活动的高风险性及安全注意事项进行说明告知，且对于其主张的在旅游车上及通过景区内警示牌的告知均未提供相应证据，法院认定旅行社承担因举证不能产生的不利后果。签订旅游合同时，旅行社提供全面具体的安全告知书，不仅仅是履行告知义务的体现，也是旅行社专业性的呈现，旅行社应当重视并改进。而对于旅游活动开始前的告知，领队或导游可以通过录音方式或者书面确认方式固定证据。如果事先没有固定证据，在发生事故后及时请同团游客出具情况说明，也能在一定程度上进行补正。

履行告知的证明难度并不大，只要旅行社规范经营，工作人员细致操作，举证义务不难完成。但旅游事故的发生原因往往成为举证难点，尤其骑马、浮潜、潜水等项目，项目所在地没有录像视频，此时领队、导游与游客的陈述，同团其他游客的证人证言就成为赖以判断事实的重要证据。依照《民事诉讼法》第七十三条规定，除因健康原因、路途原因不能出庭等法定情形下，经人民法院许可，可以通过书面证言、视听传输技术或者视听资料等方式作证外，证人应当出庭作证。虽旅行社提供的领队、导游与游客方提供的同一团队的亲朋好友，因与一方具有利害关系，其证言不能单独作为事实依据，但法庭上对于案件事实细节上的细致询问，结合其他游客的证人证言或当事人陈述等其他证据，一般还是能够为法庭发现事实提供依据或线索。本案中，二审法官就是通过法庭询问，从受伤游客张某在法庭上"在骑马过程中为了拍照，双手脱离马鞍"之陈述中，认定张某这一动作本身将其置于危险境地，对其骑马摔伤事故后果应承担主要责任。

◆ 法律法规：

1.《旅游法》

第六十二条　订立包价旅游合同时，旅行社应当向旅游者告知下列事项：

（一）旅游者不适合参加旅游活动的情形；

（二）旅游活动中的安全注意事项；

（三）旅行社依法可以减免责任的信息；

（四）旅游者应当注意的旅游目的地相关法律、法规和风俗习惯、宗教禁忌，依照中国法律不宜参加的活动等；

（五）法律、法规规定的其他应当告知的事项。

在包价旅游合同履行中，遇有前款规定事项的，旅行社也应当告知旅游者。

第七十条　旅行社不履行包价旅游合同义务或者履行合同义务不符合约定的，应当依法承担继续履行、采取补救措施或者赔偿损失等违约责任；造成旅游者人身损害、财产损失的，应当依法承担赔偿责任。旅行社具备履行条件，经旅游者要求仍拒绝履行合同，造成旅游者人身损害、滞留等严重后果的，旅游者还可以要求旅行社支付旅游费用一倍以上三倍以下的赔偿金。

由于旅游者自身原因导致包价旅游合同不能履行或者不能按照约定履行，或者造成旅游者人身损害、财产损失的，旅行社不承担责任。

在旅游者自行安排活动期间，旅行社未尽到安全提示、救助义务的，应当对旅游者的人身损害、财产损失承担相应责任。

第七十一条　由于地接社、履行辅助人的原因导致违约的，由组团社承担责任；组团社承担责任后可以向地接社、履行辅助人追偿。

由于地接社、履行辅助人的原因造成旅游者人身损害、财产损失的，旅游者可以要求地接社、履行辅助人承担赔偿责任，也可以要求组团社承担赔偿责任；组团社承担责任后可以向地接社、履行辅助人追偿。但是，由于公共交通经营者的原因造成旅游者人身损害、财产损失的，由公共交通经营者依法承担赔偿责任，旅行社应当协助旅游者向公共交通经营者索赔。

第八十一条　突发事件或者旅游安全事故发生后，旅游经营者应当立即采取必要的救助和处置措施，依法履行报告义务，并对旅游者作出妥善安排。

2.《旅行社条例》

第三十九条第一款　旅行社对可能危及旅游者人身、财产安全的事项，应当向旅游者作出真实的说明和明确的警示，并采取防止危害发生的必要措施。

3.《最高人民法院关于审理旅游纠纷案件适用法律若干问题的规定》

第七条　旅游经营者、旅游辅助服务者未尽到安全保障义务，造成旅游者人身损害、财产损失，旅游者请求旅游经营者、旅游辅助服务者承担责任的，人民法院应予支持。

因第三人的行为造成旅游者人身损害、财产损失，由第三人承担责任；旅游经营者、旅游辅助服务者未尽安全保障义务，旅游者请求其承担相应补充责任的，人民法院应予支持。

第八条　旅游经营者、旅游辅助服务者对可能危及旅游者人身、财产安全的旅游项目未履行告知、警示义务，造成旅游者人身损害、财产损失，旅游者请求旅游经营者、旅游辅助服务者承担责任的，人民法院应予支持。

旅游者未按旅游经营者、旅游辅助服务者的要求提供与旅游活动相关的个人健康信息并履行如实告知义务，或者不听从旅游经营者、旅游辅助服务者的告知、警示，参加不适合自身条件的旅游活动，导致旅游过程中出现人身损害、财产损失，旅游者请求旅游经营者、旅游辅助服务者承担责任的，人民法院不予支持。

4.《侵权责任法》

第二十六条　被侵权人对损害的发生也有过错的，可以减轻侵权人的责任。

第三十七条　宾馆、商场、银行、车站、娱乐场所等公共场所的管理人或者群众性活动的组织者，未尽到安全保障义务，造成他人损害的，应当承担侵权责任。

因第三人的行为造成他人损害的，由第三人承担侵权责任；管理人或者组织者未尽到安全保障义务的，承担相应的补充责任。

5.《最高人民法院关于审理人身损害赔偿案件适用法律若干问题的解释》

第十七条　受害人遭受人身损害，因就医治疗支出的各项费用以及因误工减少的收入，包括医疗费、误工费、护理费、交通费、住宿费、住院伙食补助费、必要的营养费，赔偿义务人应当予以赔偿。

受害人因伤致残的，其因增加生活上需要所支出的必要费用以及因丧失劳动能力导致的收入损失，包括残疾赔偿金、残疾辅助器具费、被扶养人生活费，以及因康复护理、继续治疗实际发生的必要的康复费、护理费、后续治疗费，赔偿义务人也应当予以赔偿。

受害人死亡的，赔偿义务人除应当根据抢救治疗情况赔偿本条第一款规定的相关费用外，还应当赔偿丧葬费、被扶养人生活费、死亡补偿费以及受害人亲属办理丧葬事宜支出的交通费、住宿费和误工损失等其他合理费用。

第十八条　受害人或者死者近亲属遭受精神损害，赔偿权利人向人民法院请求赔偿精神损害抚慰金的，适用《最高人民法院关于确定民事侵权精神损害赔偿责任若干问题的解释》予以确定。

精神损害抚慰金的请求权，不得让与或者继承。但赔偿义务人已经以书面方式承诺给予金钱赔偿，或者赔偿权利人已经向人民法院起诉的除外。

6.《民事诉讼法》

第七十三条　经人民法院通知，证人应当出庭作证。有下列情形之一的，经人民法院许可，可以通过书面证言、视听传输技术或者视听资料等方式作证：

（一）因健康原因不能出庭的；

（二）因路途遥远，交通不便不能出庭的；

（三）因自然灾害等不可抗力不能出庭的；

（四）其他有正当理由不能出庭的。

九、游客自由活动期间溺水，旅行社尽到安保义务，无须承担责任

◆ 案情描述：

钱某参加了某旅行社组织的避暑五日游活动，根据旅游行程安排，旅游团前往景区参观。在自由活动期间钱某与人结伴，攀爬树木照相，但不慎跌入河中，后在民警的协助下于距离落水点附近800米的地方被找到并救起。法医现场鉴定，确定钱某已经死亡。事故发生后，钱某家属以本次事故旅行社未尽到安全保障义务导致钱某死亡为由，要求某旅行社承担本次事故死亡赔偿金、丧葬费、精神抚慰金、交通费等共计人民币85万元。

◆ 案件处理经过：

调处中心接到旅行社报案后，立即与旅行社报案人联系了解事故情况，指导旅行社做好善后处理工作，同时告知旅行社收集和保留相关的证明和费用材料。调处员在全面了解案情后，全面分析各方的责任，并组织钱某家属与旅行社在旅行社会议室进行了两次调解处理，但对于赔偿责任，双方争议较大，钱某家属拒不让步最终导致调解失败，钱某家属随后将旅行社起诉至法院。在整个诉讼过程中，调处中心积极协助旅行社收集与本案相关的证据材料，指导做好应诉工作。案件经过法院审理，最终法院认为旅行社已尽到安全保障义务，判决旅行社不承担赔偿责任。

◆ 案例启示：

法院判决旅行社对游客落水溺亡不应承担赔偿责任，主要涉及旅行社安全保障义务的范围问题。《旅游法》规定旅行社具有安全保障义务，包括安全告知、选

择合格供应商、风险防范、及时救助等内容。但对于每项内容的履行标准、程度、范围，法律未作出具体规定，交由裁判者根据事实、诚信原则、公平原则、缔约目的等自由心证确定。以安全告知为例，《旅游法》规定旅行社具有告知旅游活动中安全注意事项的义务。从旅游活动的特点及旅行社作为旅游专家的角度出发，旅行社告知旅游安全注意事项应具有两方面特征：其一，可能危及旅游者人身及财产安全的事项；其二，应为因旅游活动构成的特殊风险，而非所有风险。而对于旅游者应掌握的一般常识性风险，不应成为告知范围。本案中审理法院就将老年人不能攀爬树木可能导致溺水注意事项视为日常生活常识性知识，旅游者作为完全行为能力人应当了解，要求旅行社警示过于严苛。

◆ **专家点评：**

钱某攀爬树木照相时落水溺亡事故发生在旅行社安排的旅游活动中还是自由活动期间，是本案一个争点，直接影响到旅行社安全保障义务范围以及责任认定。

根据本案生效法律文书记载，法院审理查明钱某为攀爬树木照相时落水身亡。法院认为，钱某与人结伴自由活动期间，攀爬树木照相不慎落水溺亡，钱某系成年人，对攀爬河边树木可能产生的风险应有充分的预见，其攀爬河边树木的高风险行为是导致其死亡的主要原因。旅行社在旅行过程中已尽到了必要的提示义务和救助义务，对钱某的死亡不存在违约行为，旅行社不应承担赔偿责任。法院将事故发生时段界定为自由活动期间，并据此确定旅行社的安全保障义务限于告知与救助义务。

依据《旅游法》及旅游司法解释规定，旅游活动中自行安排活动期间，因旅游者脱离旅行社控制范围，旅行社无法履行管理、安全防范之责，因此仅要求其承担安全注意事项的告知及事故发生后的救助义务。旅游司法解释规定"自行安排活动期间"包括旅游经营者安排的在旅游行程中独立的自由活动期间、旅游者不参加旅游行程的活动期间以及旅游者经导游或者领队同意暂时离队的个人活动期间等，其法理基础在于此种时间段内旅游者的行为独立于旅游经营者的行为。对于是否属于自行安排活动期间，不应受行程安排中字面意思所限，应整体判断，要看双方事后是否签署补充协议变更了行程内容，视实际履行情况而定。

◆ 法律法规：

1.《旅游法》

第六十二条　订立包价旅游合同时，旅行社应当向旅游者告知下列事项：

（一）旅游者不适合参加旅游活动的情形；

（二）旅游活动中的安全注意事项；

（三）旅行社依法可以减免责任的信息；

（四）旅游者应当注意的旅游目的地相关法律、法规和风俗习惯、宗教禁忌，依照中国法律不宜参加的活动等；

（五）法律、法规规定的其他应当告知的事项。

在包价旅游合同履行中，遇有前款规定事项的，旅行社也应当告知旅游者。

第七十条　旅行社不履行包价旅游合同义务或者履行合同义务不符合约定的，应当依法承担继续履行、采取补救措施或者赔偿损失等违约责任；造成旅游者人身损害、财产损失的，应当依法承担赔偿责任。旅行社具备履行条件，经旅游者要求仍拒绝履行合同，造成旅游者人身损害、滞留等严重后果的，旅游者还可以要求旅行社支付旅游费用一倍以上三倍以下的赔偿金。

由于旅游者自身原因导致包价旅游合同不能履行或者不能按照约定履行，或者造成旅游者人身损害、财产损失的，旅行社不承担责任。

在旅游者自行安排活动期间，旅行社未尽到安全提示、救助义务的，应当对旅游者的人身损害、财产损失承担相应责任。

第七十一条　由于地接社、履行辅助人的原因导致违约的，由组团社承担责任；组团社承担责任后可以向地接社、履行辅助人追偿。

由于地接社、履行辅助人的原因造成旅游者人身损害、财产损失的，旅游者可以要求地接社、履行辅助人承担赔偿责任，也可以要求组团社承担赔偿责任；组团社承担责任后可以向地接社、履行辅助人追偿。但是，由于公共交通经营者的原因造成旅游者人身损害、财产损失的，由公共交通经营者依法承担赔偿责任，旅行社应当协助旅游者向公共交通经营者索赔。

第八十一条　突发事件或者旅游安全事故发生后，旅游经营者应当立即采取必要的救助和处置措施，依法履行报告义务，并对旅游者作出妥善安排。

2.《旅行社条例》

第三十九条第一款　旅行社对可能危及旅游者人身、财产安全的事项，应当向旅游者作出真实的说明和明确的警示，并采取防止危害发生的必要措施。

3.《最高人民法院关于审理旅游纠纷案件适用法律若干问题的规定》

第七条　旅游经营者、旅游辅助服务者未尽到安全保障义务，造成旅游者人身损害、财产损失，旅游者请求旅游经营者、旅游辅助服务者承担责任的，人民法院应予支持。

因第三人的行为造成旅游者人身损害、财产损失，由第三人承担责任；旅游经营者、旅游辅助服务者未尽安全保障义务，旅游者请求其承担相应补充责任的，人民法院应予支持。

第八条　旅游经营者、旅游辅助服务者对可能危及旅游者人身、财产安全的旅游项目未履行告知、警示义务，造成旅游者人身损害、财产损失，旅游者请求旅游经营者、旅游辅助服务者承担责任的，人民法院应予支持。

旅游者未按旅游经营者、旅游辅助服务者的要求提供与旅游活动相关的个人健康信息并履行如实告知义务，或者不听从旅游经营者、旅游辅助服务者的告知、警示，参加不适合自身条件的旅游活动，导致旅游过程中出现人身损害、财产损失，旅游者请求旅游经营者、旅游辅助服务者承担责任的，人民法院不予支持。

第十九条　旅游者在自行安排活动期间遭受人身损害、财产损失，旅游经营者未尽到必要的提示义务、救助义务，旅游者请求旅游经营者承担相应责任的，人民法院应予支持。

前款规定的自行安排活动期间，包括旅游经营者安排的在旅游行程中独立的自由活动期间、旅游者不参加旅游行程的活动期间以及旅游者经导游或者领队同意暂时离队的个人活动期间等。

4.《侵权责任法》

第二十六条　被侵权人对损害的发生也有过错的，可以减轻侵权人的责任。

第三十七条　宾馆、商场、银行、车站、娱乐场所等公共场所的管理人或者群众性活动的组织者，未尽到安全保障义务，造成他人损害的，应当承担侵权责

任。

因第三人的行为造成他人损害的，由第三人承担侵权责任；管理人或者组织者未尽到安全保障义务的，承担相应的补充责任。

5.《最高人民法院关于审理人身损害赔偿案件适用法律若干问题的解释》

第十七条　受害人遭受人身损害，因就医治疗支出的各项费用以及因误工减少的收入，包括医疗费、误工费、护理费、交通费、住宿费、住院伙食补助费、必要的营养费，赔偿义务人应当予以赔偿。

受害人因伤致残的，其因增加生活上需要所支出的必要费用以及因丧失劳动能力导致的收入损失，包括残疾赔偿金、残疾辅助器具费、被扶养人生活费，以及因康复护理、继续治疗实际发生的必要的康复费、护理费、后续治疗费，赔偿义务人也应当予以赔偿。

受害人死亡的，赔偿义务人除应当根据抢救治疗情况赔偿本条第一款规定的相关费用外，还应当赔偿丧葬费、被扶养人生活费、死亡补偿费以及受害人亲属办理丧葬事宜支出的交通费、住宿费和误工损失等其他合理费用。

第十八条　受害人或者死者近亲属遭受精神损害，赔偿权利人向人民法院请求赔偿精神损害抚慰金的，适用《最高人民法院关于确定民事侵权精神损害赔偿责任若干问题的解释》予以确定。

精神损害抚慰金的请求权，不得让与或者继承。但赔偿义务人已经以书面方式承诺给予金钱赔偿，或者赔偿权利人已经向人民法院起诉的除外。

十、游客被海浪拍倒致终身护理，旅行社未尽充分警示义务，被判承担责任

◆ 案情描述：

游客赵某报名参加某旅行社组织的巴厘岛游。赵某在沙滩上拍照时被海浪打伤，赵某受伤后，家属和旅行社工作人员立即将其送到医院就诊，经医院诊断为创伤后四肢轻瘫，因赵某伤情严重当天入院治疗。赵某回国后在当地医院住院治

疗，经临床诊断为：高位不全瘫；颈 3-6 脊髓损伤术后。赵某的伤情经鉴定机构鉴定为二级伤残，一级护理。赵某及家属认为旅行社未尽到安全保障义务，未及时履行救助义务，因此要求旅行社承担全部的赔偿责任，向旅行社提出了 150 万余元的索赔。

◆ 案件处理经过：

因赵某伤情严重且诉求较大，调处员多次协助旅行社与赵某调解，双方仍对赔偿问题无法达成一致，随后赵某将旅行社起诉至法院。在赵某提起诉讼后，调处员协助旅行社申请律师费用，并对案件理赔事宜进行指导，协助收集证据材料。案件经过法院审理，一审判决旅行社承担 10% 的赔偿责任，赵某不服一审判决提起上诉，经二审审理后，法院认为，旅行社未履行充分的安全警示和安全保障义务，故其应在违约责任的范围内对损害后果承担相应的赔偿责任，旅行社承担 30% 的责任。终审判决后，调处员协助旅行社通过旅责险进行理赔。

◆ 案例启示：

游客与旅行社签订旅游合同之后，旅行社应当对其安排的活动项目承担合同责任。旅行社应当在游客出发前向游客介绍整个旅游行程、吃住行、说明注意事项以及提示人身、财产安全等内容。旅行社在签订合同后以及进入海滩游玩前，不应仅向游客做一般性的安全提示。因为相对对周围环境不熟悉的游客，旅行社更加具有优势，旅行社对当地的环境和危险具有充分了解，在保护游客人身安全方面，其应履行更为严格的告知、防范、警示义务。海边具有一定的危险性，导游在活动开始前就应当对海滩的风险进行提醒，告知游客注意安全以及相关事项，并且采取相应防范措施。

游客系完全民事行为能力人，对海边游玩项目的危险性具有一定的认知能力，其在海边游玩时应对沙滩环境、海浪涨跌情况予以高度注意，要尽可能地远离过于湿滑或浪潮可以波及的危险区域，但其在游玩时未尽到对自身人身安全的保护义务，应当对自身人身损害承担责任。

旅行过程中，旅行社、游客都应履行高度注意、小心谨慎的义务，从而减少责任事件或者意外事件发生的风险。

◆ 专家点评:

海边游玩具有一定危险性,天气、海浪、有无安全员及救助保障等均构成风险因素,可能危及游客人身、财产安全。尤其海浪伤人事件,近几年媒体时有报道,法院裁判文书中亦可查到类似事故,且天气晴朗与恶劣天气下均有发生。对这一危险项目,旅行社应履行充分告知义务,给予旅游者理性判断的依据。尤其对于赵某这类年逾六十岁的老年旅游者,在保护其人身安全方面,旅行社应履行更为严格的告知、防范、提醒义务。旅行社仅做一般性的告知,不足以引起游客的警觉与重视。同时,领队、导游未陪同出游,对海边游玩这一危险项目未采取防范措施,这些都构成旅行社的服务瑕疵,旅行社自然要为此承担责任。但海浪是海边游玩存在的自然风险,旅游者作为完全行为能力人,是自身安全的第一保障人,对于海边游玩的危险性应有了解,并谨慎注意,避开湿滑以及风浪大的区域。赵某自述是在海滩入水到膝盖处,亲属帮其拍照时,被海浪打伤,其为拍照未顾忌自身安全,对于风险预计不足或对于自己过于自信,是事故发生的主要原因,应承担主要责任。

经查本案生效判决,赵某是在行程第5日选择的沙滩活动,5、6、7日原本安排自由活动,但旅行社推荐三条线路,由旅游者选择其中一条线路,向旅行社交付一定金额旅游费后,由地接社组织、安排其间活动,因此,可视为双方变更了原行程约定,变更后的行程,由旅行社组织、安排,旅行社应承担合同责任,而不仅仅是自由活动期间的告知与救助义务。由此,在沙滩活动时,领队与导游不在活动现场陪同的行为构成服务瑕疵,其未能在现场进行安全管理、提示与阻止不当行为,应承担与其过错相适应的责任。

◆ 法律法规:

1.《旅游法》

第六十二条 订立包价旅游合同时,旅行社应当向旅游者告知下列事项:

(一)旅游者不适合参加旅游活动的情形;

（二）旅游活动中的安全注意事项；

（三）旅行社依法可以减免责任的信息；

（四）旅游者应当注意的旅游目的地相关法律、法规和风俗习惯、宗教禁忌，依照中国法律不宜参加的活动等；

（五）法律、法规规定的其他应当告知的事项。

在包价旅游合同履行中，遇有前款规定事项的，旅行社也应当告知旅游者。

第七十条　旅行社不履行包价旅游合同义务或者履行合同义务不符合约定的，应当依法承担继续履行、采取补救措施或者赔偿损失等违约责任；造成旅游者人身损害、财产损失的，应当依法承担赔偿责任。旅行社具备履行条件，经旅游者要求仍拒绝履行合同，造成旅游者人身损害、滞留等严重后果的，旅游者还可以要求旅行社支付旅游费用一倍以上三倍以下的赔偿金。

由于旅游者自身原因导致包价旅游合同不能履行或者不能按照约定履行，或者造成旅游者人身损害、财产损失的，旅行社不承担责任。

在旅游者自行安排活动期间，旅行社未尽到安全提示、救助义务的，应当对旅游者的人身损害、财产损失承担相应责任。

第七十一条　由于地接社、履行辅助人的原因导致违约的，由组团社承担责任；组团社承担责任后可以向地接社、履行辅助人追偿。

由于地接社、履行辅助人的原因造成旅游者人身损害、财产损失的，旅游者可以要求地接社、履行辅助人承担赔偿责任，也可以要求组团社承担赔偿责任；组团社承担责任后可以向地接社、履行辅助人追偿。但是，由于公共交通经营者的原因造成旅游者人身损害、财产损失的，由公共交通经营者依法承担赔偿责任，旅行社应当协助旅游者向公共交通经营者索赔。

第八十一条　突发事件或者旅游安全事故发生后，旅游经营者应当立即采取必要的救助和处置措施，依法履行报告义务，并对旅游者作出妥善安排。

2.《旅行社条例》

第三十九条第一款　旅行社对可能危及旅游者人身、财产安全的事项，应当向旅游者作出真实的说明和明确的警示，并采取防止危害发生的必要措施。

3.《最高人民法院关于审理旅游纠纷案件适用法律若干问题的规定》

第七条　旅游经营者、旅游辅助服务者未尽到安全保障义务，造成旅游者人身损害、财产损失，旅游者请求旅游经营者、旅游辅助服务者承担责任的，人民法院应予支持。

因第三人的行为造成旅游者人身损害、财产损失，由第三人承担责任；旅游经营者、旅游辅助服务者未尽安全保障义务，旅游者请求其承担相应补充责任的，人民法院应予支持。

第八条　旅游经营者、旅游辅助服务者对可能危及旅游者人身、财产安全的旅游项目未履行告知、警示义务，造成旅游者人身损害、财产损失，旅游者请求旅游经营者、旅游辅助服务者承担责任的，人民法院应予支持。

旅游者未按旅游经营者、旅游辅助服务者的要求提供与旅游活动相关的个人健康信息并履行如实告知义务，或者不听从旅游经营者、旅游辅助服务者的告知、警示，参加不适合自身条件的旅游活动，导致旅游过程中出现人身损害、财产损失，旅游者请求旅游经营者、旅游辅助服务者承担责任的，人民法院不予支持。

第十九条　旅游者在自行安排活动期间遭受人身损害、财产损失，旅游经营者未尽到必要的提示义务、救助义务，旅游者请求旅游经营者承担相应责任的，人民法院应予支持。

前款规定的自行安排活动期间，包括旅游经营者安排的在旅游行程中独立的自由活动期间、旅游者不参加旅游行程的活动期间以及旅游者经导游或者领队同意暂时离队的个人活动期间等。

4.《侵权责任法》

第二十六条　被侵权人对损害的发生也有过错的，可以减轻侵权人的责任。

第三十七条　宾馆、商场、银行、车站、娱乐场所等公共场所的管理人或者群众性活动的组织者，未尽到安全保障义务，造成他人损害的，应当承担侵权责任。

因第三人的行为造成他人损害的，由第三人承担侵权责任；管理人或者组织者未尽到安全保障义务的，承担相应的补充责任。

5.《最高人民法院关于审理人身损害赔偿案件适用法律若干问题的解释》

第十七条　受害人遭受人身损害，因就医治疗支出的各项费用以及因误工减少的收入，包括医疗费、误工费、护理费、交通费、住宿费、住院伙食补助费、必要的营养费，赔偿义务人应当予以赔偿。

受害人因伤致残的，其因增加生活上需要所支出的必要费用以及因丧失劳动能力导致的收入损失，包括残疾赔偿金、残疾辅助器具费、被扶养人生活费，以及因康复护理、继续治疗实际发生的必要的康复费、护理费、后续治疗费，赔偿义务人也应当予以赔偿。

受害人死亡的，赔偿义务人除应当根据抢救治疗情况赔偿本条第一款规定的相关费用外，还应当赔偿丧葬费、被扶养人生活费、死亡补偿费以及受害人亲属办理丧葬事宜支出的交通费、住宿费和误工损失等其他合理费用。

第十八条　受害人或者死者近亲属遭受精神损害，赔偿权利人向人民法院请求赔偿精神损害抚慰金的，适用《最高人民法院关于确定民事侵权精神损害赔偿责任若干问题的解释》予以确定。

精神损害抚慰金的请求权，不得让与或者继承。但赔偿义务人已经以书面方式承诺给予金钱赔偿，或者赔偿权利人已经向人民法院起诉的除外。

十一、游客走失意外死亡，旅行社未尽到安全保障义务，应承担责任

◆ 案情描述：

某旅行社组织 9 名游客前往西藏旅游。按照行程，游客前往山南市浪卡子县普玛江唐乡 40 冰川游览。在游览 2 小时后集合时，导游发现游客姜某（60 岁）一直未归，因手机无信号，导游等待 20 分钟后组织当地工作人员一起寻找，同时拨打当地派出所电话报案。派出所接到报案后，第一时间前往 40 冰川一带搜索，经过公安边防、消防、驻地党委政府工作人员 4 天的全力搜索，在 40 冰川西侧湖边冰冻小溪处发现姜某的尸体，后经法医鉴定游客姜某为意外死亡，事后家属以旅

行社未尽到安全保障义务为由提出索赔200万元。

◆ 案件处理经过：

调处中心接到旅行社报案后，及时向旅行社了解案件基本情况，并第一时间到旅行社上门协调处理，了解案件的实际情况，协助旅行社收集必要的材料，针对此案游客向旅行社提出索赔证据进行详细梳理，制订调解方案。本案中，家属表示姜某刚办理退休手续，并且身体状况一直很好，对于姜某死亡的事实无法接受，情绪非常激动，双方因赔偿金额悬殊太大，调解陷入僵局。调处员耐心向家属讲解相关的法律规定，从法律专业角度来分析此次事故中姜某应承担的责任，并举例分析了同类案例，法院判决的情况，大大降低了姜某家属的心理预期。经过多次协调，姜某家属同意由旅行社一次性赔偿本次姜某死亡赔偿金、丧葬费、交通费等45万元，旅行社承担43%的责任，同时，调处中心协助游客家属获得35万元意外险保险金。

◆ 案例启示：

本案旅游者走失地点发生在海拔高气温低的高风险区域，走失者是老年人，这两个危险因素叠加加大了事故发生的概率。安全隐患大，旅行社承担的安全保障义务相应更高，旅行社对风险及安全注意事项的告知程度以及安全防范措施的完备程度影响到旅行社的责任大小。

老年人走失事故时有发生，导游应充分重视并加以防范。《旅行社老年旅游规范》中规定的事先采集旅游者信息，发放便携式集合信息卡片并详细讲解卡片内容；游览过程中及时告知老年旅游者停留时间、集合时间及地点，及时清点人数；介绍入住饭店的名称、位置、周边环境和联系方式，为每位老年旅游者发放饭店位置指示卡等，均为旅行社应采取的防止走失的适当措施。本案中因游览地区在西藏冰川区域，旅行社应知晓冰川区域温度极低、走失后风险大的特殊情况，采取相应防范措施。旅行社可以要求老年人的成年亲属陪同，不应安排自由活动时间，旅游过程中及时清点人数，亦可发放对讲机，避免走失后失去联系。一旦发生走失事件，立即搜救并报案。同时应建议旅游者购买与旅游活动、年龄等相适应的人身意外伤害保险，对于旅游者委托旅行社代购的，旅行社要选择与旅游活动、旅游者年龄、身体状况相匹配的保险。旅行社尽到前述义务的，可避免对旅游者的走失事故损失承担赔偿责任，或者减轻其责任。

◆ 专家点评：

旅游经营者组织、接待老年人、未成年人、残疾人等特殊旅游群体时，应当采取更为严格的安全保障措施。对于老年游客，旅行社应当引起高度注意，事发时周围环境恶劣，旅行社安排游客自行游览，且无导游陪同，本身存在一定的安全隐患。旅游经营者应当对直接为旅游者提供服务的从业人员开展经常性应急救助技能培训，采取有效措施防止危害发生。旅游经营者应当对必要的安全防范和应急措施、可能危及旅游者人身、财产安全的情形以明示的方式事先向旅游者作出说明或者警示。旅游经营者、旅游辅助服务者未尽到安全保障义务，造成旅游者人身损害的，应当承担相应责任。

本案中，旅行社安排的旅游项目是游览西藏冰川，并且游客中还有老年人，该项目需耗费较高体力，存在更大的风险。因此，旅行社应对活动中可能存在的风险作出提示，特别是身体可能出现的不适、相应的医疗常识及正确的应对措施作出提示，并在出现异常时提供充分、正确的应对与救助措施。而事发时，旅行社的导游不在旁边，无法联系到游客，事先未预料到旅游中的类似风险，也未对此类风险作出说明或者警示。该旅行社并未完全履行安全保障义务，其应对死亡后果承担一定的责任。

而游客作为完全民事行为能力人，其对自身身体状况及是否适合旅游的项目应作出判断并负责，并对旅游中在身体出现突发异常情况下，承担基于旅游在外等客观条件而不能得到及时有效救治的医疗风险，本案游客未对自身安全尽到合理的注意义务，应当对自身的人身伤亡承担相应的责任。

◆ 法律法规：

1.《旅游法》

第六十二条　订立包价旅游合同时，旅行社应当向旅游者告知下列事项：

（一）旅游者不适合参加旅游活动的情形；

（二）旅游活动中的安全注意事项；

（三）旅行社依法可以减免责任的信息；

（四）旅游者应当注意的旅游目的地相关法律、法规和风俗习惯、宗教禁忌，依照中国法律不宜参加的活动等；

（五）法律、法规规定的其他应当告知的事项。

在包价旅游合同履行中，遇有前款规定事项的，旅行社也应当告知旅游者。

第七十条　旅行社不履行包价旅游合同义务或者履行合同义务不符合约定的，应当依法承担继续履行、采取补救措施或者赔偿损失等违约责任；造成旅游者人身损害、财产损失的，应当依法承担赔偿责任。旅行社具备履行条件，经旅游者要求仍拒绝履行合同，造成旅游者人身损害、滞留等严重后果的，旅游者还可以要求旅行社支付旅游费用一倍以上三倍以下的赔偿金。

由于旅游者自身原因导致包价旅游合同不能履行或者不能按照约定履行，或者造成旅游者人身损害、财产损失的，旅行社不承担责任。

在旅游者自行安排活动期间，旅行社未尽到安全提示、救助义务的，应当对旅游者的人身损害、财产损失承担相应责任。

第七十一条　由于地接社、履行辅助人的原因导致违约的，由组团社承担责任；组团社承担责任后可以向地接社、履行辅助人追偿。

由于地接社、履行辅助人的原因造成旅游者人身损害、财产损失的，旅游者可以要求地接社、履行辅助人承担赔偿责任，也可以要求组团社承担赔偿责任；组团社承担责任后可以向地接社、履行辅助人追偿。但是，由于公共交通经营者的原因造成旅游者人身损害、财产损失的，由公共交通经营者依法承担赔偿责任，旅行社应当协助旅游者向公共交通经营者索赔。

第八十一条　突发事件或者旅游安全事故发生后，旅游经营者应当立即采取必要的救助和处置措施，依法履行报告义务，并对旅游者作出妥善安排。

2.《旅行社条例》

第三十九条第一款　旅行社对可能危及旅游者人身、财产安全的事项，应当向旅游者作出真实的说明和明确的警示，并采取防止危害发生的必要措施。

3.《最高人民法院关于审理旅游纠纷案件适用法律若干问题的规定》

第七条　旅游经营者、旅游辅助服务者未尽到安全保障义务，造成旅游者人身损害、财产损失，旅游者请求旅游经营者、旅游辅助服务者承担责任的，人民法院应予支持。

因第三人的行为造成旅游者人身损害、财产损失，由第三人承担责任；旅游经营者、旅游辅助服务者未尽安全保障义务，旅游者请求其承担相应补充责任的，人民法院应予支持。

第八条　旅游经营者、旅游辅助服务者对可能危及旅游者人身、财产安全的旅游项目未履行告知、警示义务，造成旅游者人身损害、财产损失，旅游者请求旅游经营者、旅游辅助服务者承担责任的，人民法院应予支持。

旅游者未按旅游经营者、旅游辅助服务者的要求提供与旅游活动相关的个人健康信息并履行如实告知义务，或者不听从旅游经营者、旅游辅助服务者的告知、警示，参加不适合自身条件的旅游活动，导致旅游过程中出现人身损害、财产损失，旅游者请求旅游经营者、旅游辅助服务者承担责任的，人民法院不予支持。

4.《侵权责任法》

第二十六条　被侵权人对损害的发生也有过错的，可以减轻侵权人的责任。

第三十七条　宾馆、商场、银行、车站、娱乐场所等公共场所的管理人或者群众性活动的组织者，未尽到安全保障义务，造成他人损害的，应当承担侵权责任。

因第三人的行为造成他人损害的，由第三人承担侵权责任；管理人或者组织者未尽到安全保障义务的，承担相应的补充责任。

5.《最高人民法院关于审理人身损害赔偿案件适用法律若干问题的解释》

第十七条　受害人遭受人身损害，因就医治疗支出的各项费用以及因误工减少的收入，包括医疗费、误工费、护理费、交通费、住宿费、住院伙食补助费、必要的营养费，赔偿义务人应当予以赔偿。

受害人因伤致残的，其因增加生活上需要所支出的必要费用以及因丧失劳动能力导致的收入损失，包括残疾赔偿金、残疾辅助器具费、被扶养人生活费，以及因康复护理、继续治疗实际发生的必要的康复费、护理费、后续治疗费，赔偿义务人也应当予以赔偿。

受害人死亡的，赔偿义务人除应当根据抢救治疗情况赔偿本条第一款规定的相关费用外，还应当赔偿丧葬费、被扶养人生活费、死亡补偿费以及受害人亲属办理丧葬事宜支出的交通费、住宿费和误工损失等其他合理费用。

第十八条　受害人或者死者近亲属遭受精神损害，赔偿权利人向人民法院请求赔偿精神损害抚慰金的，适用《最高人民法院关于确定民事侵权精神损害赔偿责任若干问题的解释》予以确定。

精神损害抚慰金的请求权，不得让与或者继承。但赔偿义务人已经以书面方式承诺给予金钱赔偿，或者赔偿权利人已经向人民法院起诉的除外。

十二、老年游客浮潜溺水死亡，旅行社被判承担主要责任

◆ 案情描述：

A 旅行社与孙某等 10 名游客签订越南富国岛四晚五日游旅游合同，B 旅行社实际负责履行旅游合同。旅游行程载明第四天为全天自由活动。在旅游活动中，62 岁的孙某等人自愿报名参加地接导游推荐的自费浮潜项目。当日，导游从酒店接上孙某等游客陪同前往浮潜地点下船浮潜，后孙某在浮潜过程中被同行游客发现溺水。导游随即与船上工作人员、医生游客等对孙某进行急救并返回岸边，同时立即通知医院来现场救护。抵岸后，孙某由救护车送往医院抢救，最终孙某因伤情过重经抢救无效死亡。事后家属提出高达 150 万元的索赔，调处中心多次组织当事双方协调，但家属不肯降低索赔要求，将 A、B 旅行社诉至法院。

◆ 案件处理经过：

调处中心在第一时间联系旅行社，对事故情况进行落实沟通，指导旅行社处理善后工作。本案调解的难点是家属一直沉浸在悲痛之中不能自拔，情绪激动，索赔要求高于当地法定死亡赔偿标准。调处中心多次组织调解，双方未能就赔偿问题达成一致，孙某家属将 A 旅行社、B 旅行社告上法庭。经法院判决 A 旅行社、

B 旅行社共同承担 60% 的赔偿责任，赔偿死亡赔偿金、丧葬费等各项赔偿金 57 万余元。

◆ 案例启示：

游客参与的海上浮潜旅游项目，具有一定的危险性，旅行社负有比一般旅游活动更高的注意义务。旅行社应当采取足够的善意提醒、安全警示，对于不具备条件的参与者应予以劝阻。旅行社选择的浮潜项目经营者，应具备安全保障能力，除了具备合格用具及具有专业资质的浮潜人员之外，还应在浮潜前安排专业人员对旅游者进行讲解和培训，并配备数量匹配的合格救生人员。在浮潜过程中应当有专业资质的浮潜人员陪同并进行适当照顾，密切关注浮潜人员动态，以便在发生意外时能及时救助。对于老年人参加高风险项目，旅行社更应当加强注意。旅行社需要对游客进行充分的安全警示和告知，详细询问参与游客的健康状况，有针对性地详细告知活动项目的注意事项和可能存在的危险，并在过程中遇到可能危及旅游者人身安全的旅游风险时，进行特别提示。

◆ 专家点评：

本案争讼焦点包含：①两个旅行社之间关系及责任承担；②自费项目中旅行社的安全保障义务；③本案旅行社的过错体现。

1. 两个旅行社之间关系及责任承担

依据《旅游法》第一百一十一条之规定，组团社是指与旅游者订立包价旅游合同的旅行社；地接社是指接受组团社委托，在目的地接待旅游者的旅行社。本案 A 旅行社是与旅游者孙某签约的旅行社，虽主张受 B 旅行社委托招徕，但旅游合同中并未加盖 B 旅行社公章，因此 A 旅行社是组团社。B 旅行社亦为中国旅行社，并非目的地越南旅行社，因此非地接社。B 旅行社实际负责组织、接待，与地接社对接等，A、B 旅行社各自实施的行为构成组团社的整体行为，共同成为孙某的组团社，在旅游过程中共同负有保证游客人身、财产安全的义务，因此应共同对于旅游过程中可归咎于组团社的行为承担责任。

2. 自费项目中旅行社的安全保障义务内容

本案浮潜系自费活动，虽旅游行程须知中载明不组织潜水活动，但在行程中表示游客可参加导游推荐的自费浮潜活动，应视为浮潜活动安排在行程中，是旅游合同一部分，旅行社应为浮潜活动提供旅游服务。旅行社应承担全面的安全保障义务，不仅仅是提示与救助义务。虽为自费，一般由导游推荐，费用一般也是由导游统一收取，导游陪同参加。经营者多与旅行社有合作关系；且活动安排在行程中，旅游者自主选择参加，不等同于自行安排的旅游活动。旅游者自行安排旅游活动，由旅游者在自由活动时间自主选择旅游活动并自行联系经营者，行程中不体现，导游不提供服务。《最高人民法院关于审理旅游纠纷案件适用法律若干问题的规定》第十九条第二款规定，前款规定的自行安排活动期间，包括旅游经营者安排的在旅游行程中独立的自由活动期间、旅游者不参加旅游行程的活动期间以及旅游者经导游或者领队同意暂时离队的个人活动期间等。

3. 本案旅行社的过错体现

前已述及，本案旅行社应尽到全面的安保义务，而不仅仅是告知、救助。因此，判断旅行社是否尽到安保义务，衡量因素可涵盖：浮潜场所是否安全，是否以浮标、防护网保护形成浮潜区域，轮船、快艇等不得进入浮潜区域，浮潜场所不具有其他危险因素；有无合理配置救护设施与救生员；是否充分告知浮潜风险、浮潜设备使用方法、危险自救方法、安全注意事项（如穿救生衣）、不适合参加浮潜活动的群体；有无密切关注旅游者浮潜过程的动态，及时防范风险；是否对突发事故采取急救措施并及时送医救助；有无关注异常天气的影响，如风浪过大不适宜浮潜的天气，旅行社有无采取防范措施。

本案旅行社在告知、救助方面均已尽责，浮潜环境与天气状况也均不存在安全隐患，但对于孙某在海面进行浮潜，在其生命安全处于较高风险状态时，领队或导游却疏忽大意，未能谨慎观察、防范危险状况，以致孙某发生意外时未及时发现，对此其负有过错，且该行为与孙某的溺亡存在一定的因果关系，依法应承担相应的赔偿责任。

◆ 法律法规：

1.《旅游法》

第五十九条　旅行社应当在旅游行程开始前向旅游者提供旅游行程单。旅游行程单是包价旅游合同的组成部分。

第一百一十一条　本法下列用语的含义：

（一）旅游经营者，是指旅行社、景区以及为旅游者提供交通、住宿、餐饮、购物、娱乐等服务的经营者。

（二）景区，是指为旅游者提供游览服务、有明确的管理界限的场所或者区域。

（三）包价旅游合同，是指旅行社预先安排行程，提供或者通过履行辅助人提供交通、住宿、餐饮、游览、导游或者领队等两项以上旅游服务，旅游者以总价支付旅游费用的合同。

（四）组团社，是指与旅游者订立包价旅游合同的旅行社。

（五）地接社，是指接受组团社委托，在目的地接待旅游者的旅行社。

（六）履行辅助人，是指与旅行社存在合同关系，协助其履行包价旅游合同义务，实际提供相关服务的法人或者自然人。

2.《旅行社条例》

第三十九条第一款　旅行社对可能危及旅游者人身、财产安全的事项，应当向旅游者作出真实的说明和明确的警示，并采取防止危害发生的必要措施。

3.《最高人民法院关于审理旅游纠纷案件适用法律若干问题的规定》

第七条第一款　旅游经营者、旅游辅助服务者未尽到安全保障义务，造成旅游者人身损害、财产损失，旅游者请求旅游经营者、旅游辅助服务者承担责任的，人民法院应予支持。

第十九条　旅游者在自行安排活动期间遭受人身损害、财产损失，旅游经营者未尽到必要的提示义务、救助义务，旅游者请求旅游经营者承担相应责任的，人民法院应予支持。

前款规定的自行安排活动期间，包括旅游经营者安排的在旅游行程中独立的自由活动期间、旅游者不参加旅游行程的活动期间以及旅游者经导游或者领队同意暂时离队的个人活动期间等。

4.《最高人民法院关于审理人身损害赔偿案件适用法律若干问题的解释》

第十七条　受害人遭受人身损害，因就医治疗支出的各项费用以及因误工减少的收入，包括医疗费、误工费、护理费、交通费、住宿费、住院伙食补助费、必要的营养费，赔偿义务人应当予以赔偿。

受害人因伤致残的，其因增加生活上需要所支出的必要费用以及因丧失劳动能力导致的收入损失，包括残疾赔偿金、残疾辅助器具费、被扶养人生活费，以及因康复护理、继续治疗实际发生的必要的康复费、护理费、后续治疗费，赔偿义务人也应当予以赔偿。

受害人死亡的，赔偿义务人除应当根据抢救治疗情况赔偿本条第一款规定的相关费用外，还应当赔偿丧葬费、被扶养人生活费、死亡补偿费以及受害人亲属办理丧葬事宜支出的交通费、住宿费和误工损失等其他合理费用。

第十八条　受害人或者死者近亲属遭受精神损害，赔偿权利人向人民法院请求赔偿精神损害抚慰金的，适用《最高人民法院关于确定民事侵权精神损害赔偿责任若干问题的解释》予以确定。

精神损害抚慰金的请求权，不得让与或者继承。但赔偿义务人已经以书面方式承诺给予金钱赔偿，或者赔偿权利人已经向人民法院起诉的除外。

十三、游客意外坠崖，自身未尽注意义务，承担主要责任

◆ 案情描述：

游客杜某参加某公司举办的商业回馈活动。某公司与A旅行社签订了团队境内旅游合同，组织包括游客杜某在内的33位老人外出旅游，地接社为B旅行社。B旅行社组织游客在景区游玩时，游客杜某在峰顶处坠崖；事发4小时后游客杜某被送到某医院抢救，终因抢救无效去世。死者家属要求某公司、A旅行社、B

旅行社、景区共同赔偿 81 万余元。

◆ 案件处理经过：

事故发生后，调处中心积极协助旅行社和景区与家属对赔偿问题进行协商，依据相关法律，帮助各方理清责任。本案经调处员调查分析，景区安全设施存在隐患，应承担部分责任，旅行社导游未在游客身边，未履行安保义务，应承担部分责任，游客是成年人对自身安全也应承担部分责任。在此基础上，调处员组织各方进行调解，但由于家属情绪比较激动，死者家属由于无法接受家属死亡的现实，坚持要求赔偿 81 万余元不肯做让步，经过多次调解，各方就赔偿问题，无法达成一致。随后死者家属向某公司、A 旅行社、B 旅行社、景区提起民事诉讼，要求共同赔偿 81 万余元。

最终，该案件经法院审理后，认为杜某的死亡后果原告杜某自行承担 55% 的责任；某公司为本次旅游的组织者，在行前未告知风险，应承担 10% 的责任；B 旅行社为涉案旅游团队提供导游、出票等旅游服务，与死者杜某存在旅游服务关系，对于死者杜某登山时的安全注意事项并未予以提示，也未陪同杜某等人登山，未充分尽到安全保障义务，应承担 15% 的责任，死者杜某系合法购票进入景区，某旅游发展公司作为景区经营者，对杜某等旅游者负有安全保障义务，在杜某发生事故后旅游发展公司未尽到救助义务，救援人员和救援设施配置不足、不合理，导致事故发生近 3 小时，杜某才被救到景区登天坪处，应承担 20% 责任，A 旅行不承担责任。

◆ 案例启示：

本案中，旅行社作为旅游经营者，应当负有对其组织旅游过程中旅游者的安全保障义务。关于安全提示，在登山之前，旅行社需要对游客进行安全提示，并尽量获取游客的签字证明文件。导游或领队在带团过程中更需要多次提醒游客注意安全。安全告知固然重要，其他的安全保障措施一样重要。如在景区游览需登山而行，登山需要耗费的体力巨大，且具有一定的风险性，游客年龄、身体状况等参差不齐，导游有必要全程参与登山旅游过程，更需要在事发后第一时间赶往现场进行救助，护送游客就医，避免延误从而避免损害后果进一步扩大。

旅游景区作为旅游辅助服务者，也应当负有对游客的安全保障义务。景区内易发生安全事故之处需设置警示标志（如禁止跨越栏杆等），对游客尽到足够安全警示及告知义务。关于及时救助的问题，景区的工作人员要确保第一时间发现出事的游客并及时运送出景区就医。如果由于救助条件的不完备，导致救助时间延长，游客未能得到及时有效的救助，降低了生存的概率，景区应对其过错承担相应的赔偿责任。

而游客本人，作为完全民事行为能力人，也应对周围环境危险与否有正常的判断，对自身安全做到高度注意，防范危险发生。

◆ 专家点评：

B旅行社与某公司均委派工作人员陪同旅游，事故发生地在景区，该三主体对于受害人均有安全保障义务，义务的违反就可能导致责任的承担。《旅游法》第六十二条规定了旅行社的安全告知义务，第八十条规定了旅游经营者的说明警示义务，第八十一条规定了旅游经营者的救助义务，第七十九条规定了旅游经营者接待老年人应采取相应的安全保障措施。若旅游经营者严格履行安全保障义务，充分告知、积极防范、及时救助或可在一定程度上避免受害人死亡后果的产生，对于其未能全面履行安保义务并与受害人死亡有因果关系的过错，应承担相应赔偿责任。

本案中旅游者作为神志清醒、对外界辨识能力正常的成年人，其本人应对周围环境危险与否以及游览山峰可能造成的后果有正常的判断，但是其近峰顶处时，未能考虑其行为的危险性而贸然为之，不能因此而免除其自身存有的过失，亦不能因此而加重其他责任方的赔偿责任。

◆ 法律法规：

1.《旅游法》

第六十二条　订立包价旅游合同时，旅行社应当向旅游者告知下列事项：

（一）旅游者不适合参加旅游活动的情形；

（二）旅游活动中的安全注意事项；

（三）旅行社依法可以减免责任的信息；

（四）旅游者应当注意的旅游目的地相关法律、法规和风俗习惯、宗教禁忌，依照中国法律不宜参加的活动等；

（五）法律、法规规定的其他应当告知的事项。

在包价旅游合同履行中，遇有前款规定事项的，旅行社也应当告知旅游者。

第七十条　旅行社不履行包价旅游合同义务或者履行合同义务不符合约定的，应当依法承担继续履行、采取补救措施或者赔偿损失等违约责任；造成旅游者人身损害、财产损失的，应当依法承担赔偿责任。旅行社具备履行条件，经旅游者要求仍拒绝履行合同，造成旅游者人身损害、滞留等严重后果的，旅游者还可以要求旅行社支付旅游费用一倍以上三倍以下的赔偿金。

由于旅游者自身原因导致包价旅游合同不能履行或者不能按照约定履行，或者造成旅游者人身损害、财产损失的，旅行社不承担责任。

在旅游者自行安排活动期间，旅行社未尽到安全提示、救助义务的，应当对旅游者的人身损害、财产损失承担相应责任。

第七十九条　旅游经营者应当严格执行安全生产管理和消防安全管理的法律、法规和国家标准、行业标准，具备相应的安全生产条件，制定旅游者安全保护制度和应急预案。

旅游经营者应当对直接为旅游者提供服务的从业人员开展经常性应急救助技能培训，对提供的产品和服务进行安全检验、监测和评估，采取必要措施防止危害发生。

旅游经营者组织、接待老年人、未成年人、残疾人等旅游者，应当采取相应的安全保障措施。

第八十条　旅游经营者应当就旅游活动中的下列事项，以明示的方式事先向旅游者作出说明或者警示：

（一）正确使用相关设施、设备的方法；

（二）必要的安全防范和应急措施；

（三）未向旅游者开放的经营、服务场所和设施、设备；

（四）不适宜参加相关活动的群体；

（五）可能危及旅游者人身、财产安全的其他情形。

第八十一条　突发事件或者旅游安全事故发生后，旅游经营者应当立即采取必要的救助和处置措施，依法履行报告义务，并对旅游者作出妥善安排。

2.《旅行社条例》

第三十九条第一款　旅行社对可能危及旅游者人身、财产安全的事项，应当向旅游者作出真实的说明和明确的警示，并采取防止危害发生的必要措施。

3.《最高人民法院关于审理旅游纠纷案件适用法律若干问题的规定》

第七条第一款　旅游经营者、旅游辅助服务者未尽到安全保障义务，造成旅游者人身损害、财产损失，旅游者请求旅游经营者、旅游辅助服务者承担责任的，人民法院应予支持。

第十九条　旅游者在自行安排活动期间遭受人身损害、财产损失，旅游经营者未尽到必要的提示义务、救助义务，旅游者请求旅游经营者承担相应责任的，人民法院应予支持。

前款规定的自行安排活动期间，包括旅游经营者安排的在旅游行程中独立的自由活动期间、旅游者不参加旅游行程的活动期间以及旅游者经导游或者领队同意暂时离队的个人活动期间等。

4.《侵权责任法》

第二十六条　被侵权人对损害的发生也有过错的，可以减轻侵权人的责任。

第三十七条　宾馆、商场、银行、车站、娱乐场所等公共场所的管理人或者群众性活动的组织者，未尽到安全保障义务，造成他人损害的，应当承担侵权责任。

因第三人的行为造成他人损害的，由第三人承担侵权责任；管理人或者组织者未尽到安全保障义务的，承担相应的补充责任。

5.《最高人民法院关于审理人身损害赔偿案件适用法律若干问题的解释》

第十七条　受害人遭受人身损害，因就医治疗支出的各项费用以及因误工减少的收入，包括医疗费、误工费、护理费、交通费、住宿费、住院伙食补助费、必要的营养费，赔偿义务人应当予以赔偿。

受害人因伤致残的，其因增加生活上需要所支出的必要费用以及因丧失劳动能力导致的收入损失，包括残疾赔偿金、残疾辅助器具费、被扶养人生活费，以及因康复护理、继续治疗实际发生的必要的康复费、护理费、后续治疗费，赔偿义务人也应当予以赔偿。

受害人死亡的，赔偿义务人除应当根据抢救治疗情况赔偿本条第一款规定的相关费用外，还应当赔偿丧葬费、被扶养人生活费、死亡补偿费以及受害人亲属办理丧葬事宜支出的交通费、住宿费和误工损失等其他合理费用。

第十八条 受害人或者死者近亲属遭受精神损害，赔偿权利人向人民法院请求赔偿精神损害抚慰金的，适用《最高人民法院关于确定民事侵权精神损害赔偿责任若干问题的解释》予以确定。

精神损害抚慰金的请求权，不得让与或者继承。但赔偿义务人已经以书面方式承诺给予金钱赔偿，或者赔偿权利人已经向人民法院起诉的除外。

十四、游客在事故中存在过错，可减轻旅行社责任的承担

◆ 案情描述：

某旅行社组织游客新马泰九天八夜游。在旅游活动中，旅行社安排游客至金沙岛游览。在自由活动期间，游客刘某下海游泳，不幸溺水，被发现后，工作人员将其救起送往医院抢救，最终刘某经抢救无效死亡。事后，刘某家属与旅行社因赔偿问题未达成一致，将旅行社诉至法院，要求旅行社赔偿各项损失26万余元。

◆ 案件处理经过：

法院经审理认为，旅行社作为涉外项目的组织者在旅游过程中对危及旅游者人身安全的旅游项目应尽到安全保障义务，但旅行社仅在旅游合同中做出简单安全告知，同时要求旅游者健康状况声明也并非针对死者参加事发海滩项目作出。

而旅行社在事发后写的有游客签字的情况说明并非其死者家属亲自书写，事发地的警示牌也并非旅行社设立，且其亦未有任何证据证明该警示牌的内容向死者进行了提示和说明。另外旅行社未能证明向死者提供过及时救助的证明。而受害者作为一名完全民事行为能力的人，对自身健康和活动风险应有正确认知，因此也存在过错。一审法院最终判旅行社承担70%的责任，赔偿刘某家属21万余元。

旅行社认为其未实施侵权行为且导游在得知情况后尽到了及时的救助义务并向二审法院提交了救助视频等证据。二审法院经审理认为，事发地点位于海岛海滩，游客游览存在一定的危险性，旅行社提供的证据无法证明旅行社已履行告知警示义务，同时旅游者作为完全民事行为能力人在自行游览期间发生事故应承担一定过错责任，故应减轻旅行社的赔偿责任，最终二审法院撤销一审判决，判旅行社承担40%的赔偿责任，赔偿家属12万余元。判决生效后调处中心积极协助旅行社整理相关索赔材料，通过旅责险进行理赔。

◆ 案例启示：

本案中，游客在参加旅游活动中，发生了突发性的溺水死亡事故，旅行社是否按照法律规定和合同约定全面履行了旅行社的合同义务，是旅行社对游客的死亡是否承担相应责任的关键。首先，国外海岛作为自然环境比较特殊的地区，对常年生活在国内的人来说，面对陌生的环境会有不同程度的反应。旅行社作为旅游线路的策划和旅游服务的提供者，对于旅游环境应熟知，在出行前应对旅游者进行全面的安全提示，对于应注意的事项作出更为详尽的提示说明，使得旅游者对于其即将前往的地区的特殊情况可以清楚地认知，并作出相应的准备措施。而本案旅行社，在安全提示和告知义务方面显然存在不足，游客在自行游览期间，并未告知游客不能下海游泳，未进行风险提示。其次，旅行社在游客突发性情况出现时，应对能力明显不足。旅行社工作人员缺乏警惕，未能及时发现游客的异常状态，缺乏相应的救助措施和应急处理能力。旅行社在旅游合同履行过程中存在过错，应承担一定的责任。

旅行社作为旅游经营者，应当在合理范围内对游客承担告知、警示及保护义务，告知内容应包括场地物理情况、风险来源、风险观测、游客自身的适应条件、附近救助设备和条件等内容。尤其是旅游活动涉及海滩活动，存在一定的危险性，旅行社应当清楚、明确地向游客陈述在海滩活动过程中应当注意的事项，使游客清楚明白活动的危险性，以防范安全事故的发生。旅行社在对禁止游泳事项履行了必要的告知、警示义务后，仍然应该预见游客有下海游泳的危险性，当游客下海游泳后，工作人员应当采取积极有效的措施坚决予以制止，不能放任。

一审法院判决旅行社承担 70% 的赔偿责任，二审法院改判将旅行社的责任降到 40%，由此可见，固定事故发生时的证据，对于查清各方责任，避免旅行社因证据不足而推定承担赔偿责任至关重要。

◆ 专家点评：

安全保障义务包括"物"方面的保障义务和"人"方面的保障义务，"物"的保障义务要求义务人对其所能控制的场所的建筑物、运输工具、配套设施设备等的安全性负有保障义务，"人"的保障义务体现在应配备适当的人员为参与活动的他人提供预防外界及第三人侵害的保障，具体包括警告、提示说明、通知、保护和救助义务。违反安全保障义务是指未尽到合理限度范围内的安全保障义务，而合理限度的判断需要借助相应法律规定、理性人的判断标准并结合个案实际情况等综合确定。本案一、二审对旅行社责任比例认定不同体现了对合理限度的衡量尺度的不同。

结合本案事实，因景区是依托海岛建立，事发地点的海滩水流较急，是危险高发地段，在海滩游泳本身具有一定风险，旅行社对此风险应非常了解，应将此风险充分告知旅游者。事发地虽有设立警示牌，但旅行社亦不能证明就该警示牌的内容向死者进行了翻译、提示和说明。旅行社在履行告知义务方面存在严重瑕疵。但旅游者在自行活动期间选择下海游泳，应建立在对下海游泳活动的危险及对自身技能、体能理性评估基础上，其对自身过于自信或疏于注意安全防范，是导致危害后果发生的主要原因，应承担主要责任。

◆ **法律法规：**

1.《旅游法》

第六十二条　订立包价旅游合同时，旅行社应当向旅游者告知下列事项：

（一）旅游者不适合参加旅游活动的情形；

（二）旅游活动中的安全注意事项；

（三）旅行社依法可以减免责任的信息；

（四）旅游者应当注意的旅游目的地相关法律、法规和风俗习惯、宗教禁忌，依照中国法律不宜参加的活动等；

（五）法律、法规规定的其他应当告知的事项。

在包价旅游合同履行中，遇有前款规定事项的，旅行社也应当告知旅游者。

第七十条　旅行社不履行包价旅游合同义务或者履行合同义务不符合约定的，应当依法承担继续履行、采取补救措施或者赔偿损失等违约责任；造成旅游者人身损害、财产损失的，应当依法承担赔偿责任。旅行社具备履行条件，经旅游者要求仍拒绝履行合同，造成旅游者人身损害、滞留等严重后果的，旅游者还可以要求旅行社支付旅游费用一倍以上三倍以下的赔偿金。

由于旅游者自身原因导致包价旅游合同不能履行或者不能按照约定履行，或者造成旅游者人身损害、财产损失的，旅行社不承担责任。

在旅游者自行安排活动期间，旅行社未尽到安全提示、救助义务的，应当对旅游者的人身损害、财产损失承担相应责任。

第七十九条　旅游经营者应当严格执行安全生产管理和消防安全管理的法律、法规和国家标准、行业标准，具备相应的安全生产条件，制定旅游者安全保护制度和应急预案。

旅游经营者应当对直接为旅游者提供服务的从业人员开展经常性应急救助技能培训，对提供的产品和服务进行安全检验、监测和评估，采取必要措施防止危害发生。

旅游经营者组织、接待老年人、未成年人、残疾人等旅游者，应当采取相应的安全保障措施。

第八十条　旅游经营者应当就旅游活动中的下列事项，以明示的方式事先向旅游者作出说明或者警示：

（一）正确使用相关设施、设备的方法；

（二）必要的安全防范和应急措施；

（三）未向旅游者开放的经营、服务场所和设施、设备；

（四）不适宜参加相关活动的群体；

（五）可能危及旅游者人身、财产安全的其他情形。

第八十一条　突发事件或者旅游安全事故发生后，旅游经营者应当立即采取必要的救助和处置措施，依法履行报告义务，并对旅游者作出妥善安排。

2.《旅行社条例》

第三十九条第一款　旅行社对可能危及旅游者人身、财产安全的事项，应当向旅游者作出真实的说明和明确的警示，并采取防止危害发生的必要措施。

3.《最高人民法院关于审理旅游纠纷案件适用法律若干问题的规定》

第七条第一款　旅游经营者、旅游辅助服务者未尽到安全保障义务，造成旅游者人身损害、财产损失，旅游者请求旅游经营者、旅游辅助服务者承担责任的，人民法院应予支持。

第八条　旅游经营者、旅游辅助服务者对可能危及旅游者人身、财产安全的旅游项目未履行告知、警示义务，造成旅游者人身损害、财产损失，旅游者请求旅游经营者、旅游辅助服务者承担责任的，人民法院应予支持。

旅游者未按旅游经营者、旅游辅助服务者的要求提供与旅游活动相关的个人健康信息并履行如实告知义务，或者不听从旅游经营者、旅游辅助服务者的告知、警示，参加不适合自身条件的旅游活动，导致旅游过程中出现人身损害、财产损失，旅游者请求旅游经营者、旅游辅助服务者承担责任的，人民法院不予支持。

第十九条　旅游者在自行安排活动期间遭受人身损害、财产损失，旅游经营者未尽到必要的提示义务、救助义务，旅游者请求旅游经营者承担相应责任的，人民法院应予支持。

前款规定的自行安排活动期间，包括旅游经营者安排的在旅游行程中独立的自由活动期间、旅游者不参加旅游行程的活动期间以及旅游者经导游或者领队同意暂时离队的个人活动期间等。

4.《侵权责任法》

第二十六条　被侵权人对损害的发生也有过错的，可以减轻侵权人的责任。

第三十七条　宾馆、商场、银行、车站、娱乐场所等公共场所的管理人或者群众性活动的组织者，未尽到安全保障义务，造成他人损害的，应当承担侵权责任。

因第三人的行为造成他人损害的，由第三人承担侵权责任；管理人或者组织者未尽到安全保障义务的，承担相应的补充责任。

5.《最高人民法院关于审理人身损害赔偿案件适用法律若干问题的解释》

第十七条　受害人遭受人身损害，因就医治疗支出的各项费用以及因误工减少的收入，包括医疗费、误工费、护理费、交通费、住宿费、住院伙食补助费、必要的营养费，赔偿义务人应当予以赔偿。

受害人因伤致残的，其因增加生活上需要所支出的必要费用以及因丧失劳动能力导致的收入损失，包括残疾赔偿金、残疾辅助器具费、被扶养人生活费，以及因康复护理、继续治疗实际发生的必要的康复费、护理费、后续治疗费，赔偿义务人也应当予以赔偿。

受害人死亡的，赔偿义务人除应当根据抢救治疗情况赔偿本条第一款规定的相关费用外，还应当赔偿丧葬费、被扶养人生活费、死亡补偿费以及受害人亲属办理丧葬事宜支出的交通费、住宿费和误工损失等其他合理费用。

第十八条　受害人或者死者近亲属遭受精神损害，赔偿权利人向人民法院请求赔偿精神损害抚慰金的，适用《最高人民法院关于确定民事侵权精神损害赔偿责任若干问题的解释》予以确定。

精神损害抚慰金的请求权，不得让与或者继承。但赔偿义务人已经以书面方式承诺给予金钱赔偿，或者赔偿权利人已经向人民法院起诉的除外。

十五、游客快艇意外颠伤，旅行社未尽注意义务，应承担责任

◆ 案情描述：

某旅行社组织游客前往巴厘岛游玩。游客从蓝梦岛乘船回程途中，由于突遇大浪，船体剧烈颠簸，乘坐在船尾的李某由于惯性腾空后，重重摔在座位上，在船靠岸后，李某已经无法站立，腰使不上劲，并且腰部肌肉肿痛，随后李某被送往当地医院就诊。因医疗条件所限，初步诊断为肌肉拉伤。李某回国后，前往医院治疗，其伤情被诊断为腰椎骨折。李某随后进行手术治疗。

◆ 案件处理经过：

接到报案后，分中心调处员及时向旅行社了解游客的受伤情况以及保险情况，并指导旅行社与家属保持联系，落实具体受伤情况以及术后的恢复情况。游客治疗结束后，其伤情经鉴定机构鉴定为九级伤残，随后，游客家属提出了医疗费、护理费、残疾赔偿金、营养费等共计30万元的索赔要求。调处员就此事故过程分析了各方的责任问题，结合实际情况，依据相关法律法规以及保险条款逐一向家属解释说明。经过调处员的耐心解答，且经过双方的适当让步最终达成一次性赔偿协议：由旅行社赔偿游客各项损失7万余元，同时，调处员协助游客向旅游意外险索赔，获得15万余元的保险赔偿金，游客最终获赔约为22万元。意外险跟责任险的并案处理客观上减轻了旅行社的压力，也满足了旅游者的索赔请求，本案得到了妥善解决。

◆ 案例启示：

近年来，随着人们水上旅游活动的增多，水上旅游交通安全事故时有发生，其中快艇安全事故最为典型。目前，水上旅游船舶主要包括游船、游艇与快艇，其中快艇的安全隐患最大，安全事故最多。水上快艇旅游的安全事故主要包括快艇颠簸、翻船、碰撞造成的人员伤亡。其安全隐患主要表现在以下几方面：快艇技术状况和安全性能差；船员综合素质较低，缺乏水上营运的规则、经验与技能；

安全预防和救济措施匮乏；在恶劣天气、夜间以及其他危及航行安全的情况下航行等。

　　水上快艇项目，因其为高速船艇，属高风险旅游项目。无论是从维护游客安全利益，还是从避免企业经营风险的角度出发，旅行社都应尽量避免将其作为行程中水上交通工具使用。行程中需要乘坐快艇的，旅行社须核实快艇经营者是否具备合法经营资质、快艇的安全性能、从业人员的资质以及购买责任保险的情况；须对旅游者尽到安全提示义务，采用书面文件加行前讲解方式把风险和有关注意事项讲清楚。要详尽告知不适宜乘坐人群、穿戴救生衣及相关注意事项等。要提示游客投保旅游意外险，并制定详细的应急救援预案，确保一旦发生事故能够及时妥善处理。对自由活动期间游客自愿参与的，旅行社和导游要尽到上述内容的安全提示义务及救助义务。

　　对于游客而言，在参加水上快艇旅游这类安全风险较高的项目之前，一定要进行全面了解，再决定是否参与。要考虑自身的健康状况，有高血压、心脏病、骨质疏松、颈椎病、腰椎病的游客绝对不能参加。如果认为此类项目不适合自己，即使是行程中安排的内容，游客也有权拒绝参与。决定参与的游客，一定要提高安全意识，了解有关水上乘坐快艇的安全知识，遵照穿戴救生衣、避免乘坐船头或船尾、不能打闹戏水等安全规定。受害人在乘坐快艇过程中存在过错的，可以减轻旅行社责任。

◆ 专家点评：

　　海上风浪普遍，快艇速度快，因快艇颠簸导致旅游者腰椎骨折等人伤事故时有发生。快艇颠簸虽为自然风险，但旅行社自身或快艇经营者尽到安全保障义务的或可避免或减少风险。因此快艇颠簸人伤事故中，旅行社往往因其自身或快艇经营者过错而对事故损失承担赔偿责任，且个人对于快艇颠簸的过错、控制能力低，除非个人违反安全警示要求或有其他明显过错行为，否则一般情形下旅行社承担全部或者主要责任。同时，快艇经营者一般在境内或境外的旅游目的地，与旅游者、组团社身处异地，且主体呈现复杂性，为此旅行社尤其是组团社往往成为此类案件被告。依据《旅游法》第七十一条的规定，履行辅助人的过错视为组团社的过错，组团社需为履行辅助人的行为承担违约或侵权责任，因此受害人既可以对组团社提起违约之诉，也可以对组团社提起侵权之诉。

旅行社的安保义务涵盖选择具有经营资质、提供适航船舶的运营商，充分警示与安全告知，对不适宜乘坐人群及乘坐者的不当行为进行劝阻；配备安全带并提示佩戴；关注天气风浪对快艇活动的影响并相应调整；事故发生后，及时联系救护机构及车辆，并采取救助措施。旅行社尽到充分注意义务，此类事故发生率应能够得以控制，且可将法律风险降到最低。

◆ 法律法规：

1.《旅游法》

第四十七条　经营高空、高速、水上、潜水、探险等高风险旅游项目，应当按照国家有关规定取得经营许可。

第六十二条　订立包价旅游合同时，旅行社应当向旅游者告知下列事项：

（一）旅游者不适合参加旅游活动的情形；

（二）旅游活动中的安全注意事项；

（三）旅行社依法可以减免责任的信息；

（四）旅游者应当注意的旅游目的地相关法律、法规和风俗习惯、宗教禁忌，依照中国法律不宜参加的活动等；

（五）法律、法规规定的其他应当告知的事项。

在包价旅游合同履行中，遇有前款规定事项的，旅行社也应当告知旅游者。

第七十条　旅行社不履行包价旅游合同义务或者履行合同义务不符合约定的，应当依法承担继续履行、采取补救措施或者赔偿损失等违约责任；造成旅游者人身损害、财产损失的，应当依法承担赔偿责任。旅行社具备履行条件，经旅游者要求仍拒绝履行合同，造成旅游者人身损害、滞留等严重后果的，旅游者还可以要求旅行社支付旅游费用一倍以上三倍以下的赔偿金。

由于旅游者自身原因导致包价旅游合同不能履行或者不能按照约定履行，或者造成旅游者人身损害、财产损失的，旅行社不承担责任。

在旅游者自行安排活动期间，旅行社未尽到安全提示、救助义务的，应当对旅游者的人身损害、财产损失承担相应责任。

第七十一条 由于地接社、履行辅助人的原因导致违约的，由组团社承担责任；组团社承担责任后可以向地接社、履行辅助人追偿。

由于地接社、履行辅助人的原因造成旅游者人身损害、财产损失的，旅游者可以要求地接社、履行辅助人承担赔偿责任，也可以要求组团社承担赔偿责任；组团社承担责任后可以向地接社、履行辅助人追偿。但是，由于公共交通经营者的原因造成旅游者人身损害、财产损失的，由公共交通经营者依法承担赔偿责任，旅行社应当协助旅游者向公共交通经营者索赔。

第八十一条 突发事件或者旅游安全事故发生后，旅游经营者应当立即采取必要的救助和处置措施，依法履行报告义务，并对旅游者作出妥善安排。

2.《旅行社条例》

第三十九条第一款 旅行社对可能危及旅游者人身、财产安全的事项，应当向旅游者作出真实的说明和明确的警示，并采取防止危害发生的必要措施。

3.《最高人民法院关于审理旅游纠纷案件适用法律若干问题的规定》

第七条 旅游经营者、旅游辅助服务者未尽到安全保障义务，造成旅游者人身损害、财产损失，旅游者请求旅游经营者、旅游辅助服务者承担责任的，人民法院应予支持。

因第三人的行为造成旅游者人身损害、财产损失，由第三人承担责任；旅游经营者、旅游辅助服务者未尽安全保障义务，旅游者请求其承担相应补充责任的，人民法院应予支持。

第八条 旅游经营者、旅游辅助服务者对可能危及旅游者人身、财产安全的旅游项目未履行告知、警示义务，造成旅游者人身损害、财产损失，旅游者请求旅游经营者、旅游辅助服务者承担责任的，人民法院应予支持。

旅游者未按旅游经营者、旅游辅助服务者的要求提供与旅游活动相关的个人健康信息并履行如实告知义务，或者不听从旅游经营者、旅游辅助服务者的告知、警示，参加不适合自身条件的旅游活动，导致旅游过程中出现人身损害、财产损失，旅游者请求旅游经营者、旅游辅助服务者承担责任的，人民法院不予支持。

4.《侵权责任法》

第二十六条　被侵权人对损害的发生也有过错的，可以减轻侵权人的责任。

第三十七条　宾馆、商场、银行、车站、娱乐场所等公共场所的管理人或者群众性活动的组织者，未尽到安全保障义务，造成他人损害的，应当承担侵权责任。

因第三人的行为造成他人损害的，由第三人承担侵权责任；管理人或者组织者未尽到安全保障义务的，承担相应的补充责任。

5.《最高人民法院关于审理人身损害赔偿案件适用法律若干问题的解释》

第十七条　受害人遭受人身损害，因就医治疗支出的各项费用以及因误工减少的收入，包括医疗费、误工费、护理费、交通费、住宿费、住院伙食补助费、必要的营养费，赔偿义务人应当予以赔偿。

受害人因伤致残的，其因增加生活上需要所支出的必要费用以及因丧失劳动能力导致的收入损失，包括残疾赔偿金、残疾辅助器具费、被扶养人生活费，以及因康复护理、继续治疗实际发生的必要的康复费、护理费、后续治疗费，赔偿义务人也应当予以赔偿。

受害人死亡的，赔偿义务人除应当根据抢救治疗情况赔偿本条第一款规定的相关费用外，还应当赔偿丧葬费、被扶养人生活费、死亡补偿费以及受害人亲属办理丧葬事宜支出的交通费、住宿费和误工损失等其他合理费用。

第十八条　受害人或者死者近亲属遭受精神损害，赔偿权利人向人民法院请求赔偿精神损害抚慰金的，适用《最高人民法院关于确定民事侵权精神损害赔偿责任若干问题的解释》予以确定。

精神损害抚慰金的请求权，不得让与或者继承。但赔偿义务人已经以书面方式承诺给予金钱赔偿，或者赔偿权利人已经向人民法院起诉的除外。

第二章 自身疾病案例

旅责险统保示范项目受案统计显示，突发疾病成为旅行社经营面临的主要风险之一。2019年度，突发疾病造成402人死亡，占总死亡人数的69.6%。从示范项目案例中，我们选取游客高原反应死亡、心梗死亡、脑出血死亡、猝死等案例，通过案件处理经过、案例启示和专家点评，为旅行社防范突发疾病风险提供参考。这些突发病案例，均发生游客死亡的严重后果；受害人向旅行社索赔金额为25万元~120万元，旅行社实际承担责任比例为20%~50%。这些案例表明，旅行社、履行辅助人未询问游客健康信息、未充分告知／警示、未及时救助，是造成旅行社经济损失的主要原因。

游客突发重疾，行程安排紧凑，旅行社被判承担同等责任

◆ 案情描述：

游客王某参加某旅行社组织的澳大利亚11日游。王某在旅行社领队带领下按照行程顺利抵达澳大利亚，开始旅游行程。行程第7天，团队在搭乘奥克兰－布里斯班的航班抵达布里斯班后，开始游览第一个景点南岸公园。游览时，王某突然右腿无力，身体倾斜，在领队询问情况后，王某进行短暂休息，之后王某自己要求继续行程。在游览第二个景点时，王某突然嘴角吐水，头部歪斜，于是领队第一时间联系了急救人员。急救人员在5分钟后赶到，对王某进行检查后送往医

院。在治疗过程中，王某突发脑溢血。王某在当地医治一段时间后，转回国内治疗，之后一直昏迷，经鉴定机构鉴定王某的伤情构成一级残疾。随后，王某家属要求旅行社赔偿 120 万元。

◆ 案件处理经过：

游客王某在境外医院治疗过程中突发脑溢血，且一直处在昏迷状态，游客家属希望可以回国治疗。调处人员协助家属联系了救援公司，并为游客办理了医疗运送。游客运送回国后即转往省立医院康复治疗，调处人员第一时间到医院慰问了家属，协助旅行社做好善后处理工作。调处中心多次组织旅行社与游客家属调解，但因游客一直处于昏迷状态，且后期会需要较大的康复费用，游客家属的诉求过高，最终调解未果。随后，游客家属将旅行社诉至法院。

法院经审理认为：王某与旅行社签订有效的旅游合同，双方均应依照约定和法律规定享受权利并承担义务。旅行社负有提供符合保障人身及财产安全要求的产品与服务，并对可能危及旅游者人身、财产安全的服务应做出真实说明和明确警示并采取防止措施的合同义务。老年人体力、精力较一般成年人差，旅行社应当在订立、履行合同时明确告知原告患有哪些疾病不适合参加本次旅游，但旅行社未履行该义务。另外旅行社应就行程安排做出真实说明，但其对赶乘飞机需要的准备时间、各景点之间辗转及每天在下榻宾馆休息的时间并未做出说明，从而使原告对自己是否适合参加本次旅游不能做出正确判断。再者，旅行社安排行程较为紧张，使得原告在旅游过程中未能得到必要充分的休息，旅行社也未能采取必要措施防止诱发老年人疾病，其所提供的产品和服务也是不符合确保老年旅游者人身安全要求的，也违反了在"特别说明"中载明的"导游和司机每天工作时间不得超过 10 小时（包括休息时间）"的规定和约定。因此，旅行社在履行涉案旅游合同的过程中未履行告知和警示义务，也未尽到安全保障义务，构成违约，应由旅行社先向王某承担违约责任，赔偿损失。另一方面，王某作为完全民事行为能力人，对自身的安全负有注意义务，应明知外出旅游难免舟车劳顿，不应当盲目从事与自身体质和能力不相适应的旅游活动，导致引发自身疾病，故对其自身损失，也应承担一定责任。故判定旅行社和王某各自承担 50% 的责任。旅行社最终应赔偿王某 58 万元人民币。因旅行社投保了旅责险统保示范项目，对于旅行社应承担的赔偿责任，应由保险公司在保险限额内直接向原告进行赔偿。

◆ 案例启示：

本案事故发生的前因后果及判决中的归责缘由给了旅行社一些启示，首先应当更加强调关于针对旅途体力精神耗费对身体的影响，进行提前告知，便于游客自行判断是否适合自己，同时设置对游客既往病史的登记和记录，在不侵犯个人信息和隐私的情形下，尽量提醒游客，特殊疾病可能会由于旅途劳累对健康产生影响，或特定年龄容易发生的急性疾病，也可能在旅途中发生，让游客更加细致考虑参加项目的安全性，从源头避免事故发生。如果得知游客在旅行过程中因个人健康或年纪原因需要一些特殊关注，也应当向带队导游再次强调，引起重视，在健康问题发生前就提前做好防御，同时提前学习好相关知识，在紧急情况发生时对有健康问题的游客进行合理的紧急处理和救助。

◆ 专家点评：

从公布的法院裁判书看，旅游者突发疾病死亡事故纠纷案例中，法院认定旅行社责任的权衡因素主要有行程安排是否适当、死亡旅游者有无病史、旅行社履行告知警示义务情况、采取安全措施情况、履行救助义务情况以及原告起诉的案由。法官一般需要审查旅行社行程安排的时间长短、活动多寡、距离远近等适度性、履行告知义务情况、采取安全保障措施情况、履行救助义务情况、旅游者有无病史等方面，综合评价旅行社过错对旅游者突发疾病死亡后果的影响程度，据以确定旅行社应当承担的责任比例。旅行社不承担责任的案例不多，但具有共性，旅行社均依法履行了告知、警示义务，并都在事故中采取了救助措施，均采取了安全措施，且没有不当之处，通常无须对旅游者突发疾病死亡事故承担责任。

但对于旅行社承担责任的比例，并没有明确、统一的规则可遵循。尤其对于旅游者突发疾病死亡，事发突然、原因复杂，往往存在旅行社与旅游者的混合过错，难以准确认定旅行社应承担的责任，实务中，更多地依赖裁判者的自由裁量，难免出现"同案不同判"的情况。本案法院认定旅行社未履行告知、警示义务，未询问健康状况，而且对行程安排未充分说明，从而使得原告对自己是否适合参加本次旅游不能做出正确判断；且行程安排紧张，亦未采取合理措施避免诱发老年人疾病，据此作出旅行社承担 50% 责任的认定。但查询类似情况的案例，亦有为数不少的案例中旅行社承担了次要责任。因此，在目前，旅行社为了避免在潜在的旅游者突发疾病死亡事故中遭受损失，应当尽力履行好安全保障义务。

◆ 法律法规：

1.《旅游法》

第六十二条　订立包价旅游合同时，旅行社应当向旅游者告知下列事项：

（一）旅游者不适合参加旅游活动的情形；

（二）旅游活动中的安全注意事项；

（三）旅行社依法可以减免责任的信息；

（四）旅游者应当注意的旅游目的地相关法律、法规和风俗习惯、宗教禁忌，依照中国法律不宜参加的活动等；

（五）法律、法规规定的其他应当告知的事项。

在包价旅游合同履行中，遇有前款规定事项的，旅行社也应当告知旅游者。

第七十条　旅行社不履行包价旅游合同义务或者履行合同义务不符合约定的，应当依法承担继续履行、采取补救措施或者赔偿损失等违约责任；造成旅游者人身损害、财产损失的，应当依法承担赔偿责任。旅行社具备履行条件，经旅游者要求仍拒绝履行合同，造成旅游者人身损害、滞留等严重后果的，旅游者还可以要求旅行社支付旅游费用一倍以上三倍以下的赔偿金。

由于旅游者自身原因导致包价旅游合同不能履行或者不能按照约定履行，或者造成旅游者人身损害、财产损失的，旅行社不承担责任。

在旅游者自行安排活动期间，旅行社未尽到安全提示、救助义务的，应当对旅游者的人身损害、财产损失承担相应责任。

第七十九条　旅游经营者应当严格执行安全生产管理和消防安全管理的法律、法规和国家标准、行业标准，具备相应的安全生产条件，制定旅游者安全保护制度和应急预案。

旅游经营者应当对直接为旅游者提供服务的从业人员开展经常性应急救助技能培训，对提供的产品和服务进行安全检验、监测和评估，采取必要措施防止危害发生。

旅游经营者组织、接待老年人、未成年人、残疾人等旅游者，应当采取相应的安全保障措施。

第八十一条　突发事件或者旅游安全事故发生后，旅游经营者应当立即采取必要的救助和处置措施，依法履行报告义务，并对旅游者作出妥善安排。

2.《旅行社条例》

第三十九条第一款　旅行社对可能危及旅游者人身、财产安全的事项，应当向旅游者作出真实的说明和明确的警示，并采取防止危害发生的必要措施。

3.《最高人民法院关于审理旅游纠纷案件适用法律若干问题的规定》

第七条　旅游经营者、旅游辅助服务者未尽到安全保障义务，造成旅游者人身损害、财产损失，旅游者请求旅游经营者、旅游辅助服务者承担责任的，人民法院应予支持。

因第三人的行为造成旅游者人身损害、财产损失，由第三人承担责任；旅游经营者、旅游辅助服务者未尽安全保障义务，旅游者请求其承担相应补充责任的，人民法院应予支持。

第八条　旅游经营者、旅游辅助服务者对可能危及旅游者人身、财产安全的旅游项目未履行告知、警示义务，造成旅游者人身损害、财产损失，旅游者请求旅游经营者、旅游辅助服务者承担责任的，人民法院应予支持。

旅游者未按旅游经营者、旅游辅助服务者的要求提供与旅游活动相关的个人健康信息并履行如实告知义务，或者不听从旅游经营者、旅游辅助服务者的告知、警示，参加不适合自身条件的旅游活动，导致旅游过程中出现人身损害、财产损失，旅游者请求旅游经营者、旅游辅助服务者承担责任的，人民法院不予支持。

4.《侵权责任法》

第二十六条　被侵权人对损害的发生也有过错的，可以减轻侵权人的责任。

第三十七条　宾馆、商场、银行、车站、娱乐场所等公共场所的管理人或者群众性活动的组织者，未尽到安全保障义务，造成他人损害的，应当承担侵权责

任。

因第三人的行为造成他人损害的，由第三人承担侵权责任；管理人或者组织者未尽到安全保障义务的，承担相应的补充责任。

5.《最高人民法院关于审理人身损害赔偿案件适用法律若干问题的解释》

第十七条　受害人遭受人身损害，因就医治疗支出的各项费用以及因误工减少的收入，包括医疗费、误工费、护理费、交通费、住宿费、住院伙食补助费、必要的营养费，赔偿义务人应当予以赔偿。

受害人因伤致残的，其因增加生活上需要所支出的必要费用以及因丧失劳动能力导致的收入损失，包括残疾赔偿金、残疾辅助器具费、被扶养人生活费，以及因康复护理、继续治疗实际发生的必要的康复费、护理费、后续治疗费，赔偿义务人也应当予以赔偿。

受害人死亡的，赔偿义务人除应当根据抢救治疗情况赔偿本条第一款规定的相关费用外，还应当赔偿丧葬费、被扶养人生活费、死亡补偿费以及受害人亲属办理丧葬事宜支出的交通费、住宿费和误工损失等其他合理费用。

第十八条　受害人或者死者近亲属遭受精神损害，赔偿权利人向人民法院请求赔偿精神损害抚慰金的，适用《最高人民法院关于确定民事侵权精神损害赔偿责任若干问题的解释》予以确定。

精神损害抚慰金的请求权，不得让与或者继承。但赔偿义务人已经以书面方式承诺给予金钱赔偿，或者赔偿权利人已经向人民法院起诉的除外。

二、 游客高原猝死，旅行社违约，被判承担责任

◆ 案情描述：

童某与 A 公司签订合同，参加由 B 旅行社开发的拉萨精品卧飞八日游。旅行行程上载明："特别服务：客人抵达当天高原医生免费到宾馆检查身体。"旅行团抵达拉萨后，全陪工作人员殷某在微信群里询问团员身体状况，童某反映有一点

头疼，殷某告知头疼属于正常高原反应，建议其别做剧烈运动，躺床上多休息、多喝水等。第二日一早，童某在宾馆因身体不适晕倒，后经抢救无效死亡。经公安局刑事科学技术研究所鉴定，童某死亡排除暴力外伤致死。事故发生后，游客童某家属以旅行社未尽到安全保障义务为由向旅行社提出索赔，要求旅行社赔偿包括死亡赔偿金、丧葬费、精神抚慰金等在内的各项损失共计人民币 90 余万元。

◆ 案件处理经过：

接到报案后，调处员及时落实案情，了解本次事故的发生与游客童某自身身体状况有一定的因果关系，但旅行社也没有尽到安全保障义务，应承担次要责任。调处员指导旅行社积极采取措施，配合死者家属做好善后事宜，尽量避免家属情绪出现巨大波动，同时收集和保留出险原因证明及相关医疗和其他费用发票、单证。在处理中，调处员陪同旅行社多次与游客家属进行当面协调沟通，通过多次沟通后，旅行社和游客家属始终无法达成一致，最后游客家属将各涉事主体诉至法院。法院经审理认为：B 旅行社负责安排该次旅行的具体事宜，并安排导游全程陪同，但在旅行团抵达拉萨后，B 旅行社并未按约定安排高原医生对游客进行体检，在童某告知其头痛的情况下，仍未安排其就医，仅依据经验告知童某应注意的事项，后在旅行过程中亦未对童某给予更多关注，未尽到安全保障义务，对童某的死亡应承担 40% 责任。死亡赔偿金及其他项目合计 32 万余元。

◆ 案例启示：

本案旅行社存在违约行为，应当引起重视，在与游客签订的合同中，存在"抵达目的地当日，高原医生免费检查身体"的相关约定，因为旅行目的地环境的特殊性，游客有可能会因不了解个人在该环境下是否能够适应，无法预估自己参与此次旅行是否会发生危险，因此此项约定极可能是游客选择本旅行并对旅行社付诸信任的一个依据，因此旅行社为保证在特殊环境下游客的安全，应当严格履行与游客签订的合同，为游客安排当地医生进行必要检查，并在检查后及时针对可能会发生健康问题的游客进行提示，同时让随行导游等责任人员给予重视。由此可见，前置性检查本可在一定程度上避免事故发生；同时检查结果可以为旅行社后续处理相关事项留存证据，证明旅行社作为责任方已尽到了必要的注意义务，因此，存在合同约定的情形下旅行社更应该严格履行合同约定，减少因旅行社违约而造成的纠纷，便于事故快速解决。

◆ 专家点评：

旅游者突发疾病死亡案件中，经常发生旅行社委派的导游人员未在旅游者出现健康异常情况时正确处置，根据自身经验安排其休息或者简单吸氧等，或者要求旅游者自行就医，未做协助、引导与联络；或者建议就医，在旅游者不去就医时，不再跟进。一旦旅游者病情发展，导致严重后果时，以结果为导向，导游的不当处置就成为旅行社承担责任的理由。旅行社对此类风险应予以重视，总结积累此类事件中的风险情形，提前做好预案，对导游进行培训，细化行动清单，避免在此类事故中不当处置而承担责任。

根据《旅游法》等相关法律规定，面临可能危及旅游者人身、财产安全的情况，旅行社应当有针对性地采取安全防范措施；对发生突发事件或旅游者人伤事故时，旅行社应及时施救。有些场景下，危险的发展是迅疾的，甚至是突如其来的，因此取安全防范措施与及时施救之间并无明显界限，甚至叠加。采取安全防范措施的适当性，可以结合正常社会生活条件、旅游行业整体安全保障水平、当事旅行社经营条件及其收费水平，客观、理性地综合评定。旅行社在现有条件下尽力采取了适当的安全措施，可以认定其依法履行了采取安全措施的义务。提供必要的救助和处置方面，旅游者受到意外伤害或突发疾病，旅行社应当在专业急救人员到达之前，提供应急救助服务，防止旅游者伤情或病情继续恶化，同时还要及时联系120等急救机构或组织，条件便利的，也可以及时送医院治疗。适当提供救助服务，需要旅行社的导游或领队具备应急救助技能并全程随同旅游者，发生险情后能够及时赶到现场救护。旅行社采取救助措施，无须达到专业急救人员的水准，但应当符合旅游业通常的救助要求。旅游者受到意外伤害或突发疾病后，旅行社随行人员能够在现场提供旅游业通常的救助服务，可以认定旅行社依法履行了救助义务。

◆ 法律法规：

1.《旅游法》

第六十二条　订立包价旅游合同时，旅行社应当向旅游者告知下列事项：

（一）旅游者不适合参加旅游活动的情形；

（二）旅游活动中的安全注意事项；

（三）旅行社依法可以减免责任的信息；

（四）旅游者应当注意的旅游目的地相关法律、法规和风俗习惯、宗教禁忌，依照中国法律不宜参加的活动等；

（五）法律、法规规定的其他应当告知的事项。

在包价旅游合同履行中，遇有前款规定事项的，旅行社也应当告知旅游者。

第七十条　旅行社不履行包价旅游合同义务或者履行合同义务不符合约定的，应当依法承担继续履行、采取补救措施或者赔偿损失等违约责任；造成旅游者人身损害、财产损失的，应当依法承担赔偿责任。旅行社具备履行条件，经旅游者要求仍拒绝履行合同，造成旅游者人身损害、滞留等严重后果的，旅游者还可以要求旅行社支付旅游费用一倍以上三倍以下的赔偿金。

由于旅游者自身原因导致包价旅游合同不能履行或者不能按照约定履行，或者造成旅游者人身损害、财产损失的，旅行社不承担责任。

在旅游者自行安排活动期间，旅行社未尽到安全提示、救助义务的，应当对旅游者的人身损害、财产损失承担相应责任。

第七十九条　旅游经营者应当严格执行安全生产管理和消防安全管理的法律、法规和国家标准、行业标准，具备相应的安全生产条件，制定旅游者安全保护制度和应急预案。

旅游经营者应当对直接为旅游者提供服务的从业人员开展经常性应急救助技能培训，对提供的产品和服务进行安全检验、监测和评估，采取必要措施防止危害发生。

旅游经营者组织、接待老年人、未成年人、残疾人等旅游者，应当采取相应的安全保障措施。

第八十一条 突发事件或者旅游安全事故发生后，旅游经营者应当立即采取必要的救助和处置措施，依法履行报告义务，并对旅游者作出妥善安排。

2.《旅行社条例》

第三十九条第一款 旅行社对可能危及旅游者人身、财产安全的事项，应当向旅游者作出真实的说明和明确的警示，并采取防止危害发生的必要措施。

3.《最高人民法院关于审理旅游纠纷案件适用法律若干问题的规定》

第七条 旅游经营者、旅游辅助服务者未尽到安全保障义务，造成旅游者人身损害、财产损失，旅游者请求旅游经营者、旅游辅助服务者承担责任的，人民法院应予支持。

因第三人的行为造成旅游者人身损害、财产损失，由第三人承担责任；旅游经营者、旅游辅助服务者未尽安全保障义务，旅游者请求其承担相应补充责任的，人民法院应予支持。

第八条 旅游经营者、旅游辅助服务者对可能危及旅游者人身、财产安全的旅游项目未履行告知、警示义务，造成旅游者人身损害、财产损失，旅游者请求旅游经营者、旅游辅助服务者承担责任的，人民法院应予支持。

旅游者未按旅游经营者、旅游辅助服务者的要求提供与旅游活动相关的个人健康信息并履行如实告知义务，或者不听从旅游经营者、旅游辅助服务者的告知、警示，参加不适合自身条件的旅游活动，导致旅游过程中出现人身损害、财产损失，旅游者请求旅游经营者、旅游辅助服务者承担责任的，人民法院不予支持。

4.《侵权责任法》

第二十六条 被侵权人对损害的发生也有过错的，可以减轻侵权人的责任。

第三十七条 宾馆、商场、银行、车站、娱乐场所等公共场所的管理人或者群众性活动的组织者，未尽到安全保障义务，造成他人损害的，应当承担侵权责任。

因第三人的行为造成他人损害的，由第三人承担侵权责任；管理人或者组织者未尽到安全保障义务的，承担相应的补充责任。

5.《最高人民法院关于审理人身损害赔偿案件适用法律若干问题的解释》

第十七条 受害人遭受人身损害，因就医治疗支出的各项费用以及因误工减少的收入，包括医疗费、误工费、护理费、交通费、住宿费、住院伙食补助费、必要的营养费，赔偿义务人应当予以赔偿。

受害人因伤致残的，其因增加生活上需要所支出的必要费用以及因丧失劳动能力导致的收入损失，包括残疾赔偿金、残疾辅助器具费、被扶养人生活费，以及因康复护理、继续治疗实际发生的必要的康复费、护理费、后续治疗费，赔偿义务人也应当予以赔偿。

受害人死亡的，赔偿义务人除应当根据抢救治疗情况赔偿本条第一款规定的相关费用外，还应当赔偿丧葬费、被扶养人生活费、死亡补偿费以及受害人亲属办理丧葬事宜支出的交通费、住宿费和误工损失等其他合理费用。

第十八条 受害人或者死者近亲属遭受精神损害，赔偿权利人向人民法院请求赔偿精神损害抚慰金的，适用《最高人民法院关于确定民事侵权精神损害赔偿责任若干问题的解释》予以确定。

精神损害抚慰金的请求权，不得让与或者继承。但赔偿义务人已经以书面方式承诺给予金钱赔偿，或者赔偿权利人已经向人民法院起诉的除外。

三、游客动车上死亡，旅行社存在过错，仍需承担责任

◆ 案情描述：

杨某参加了某旅行社组织的"港澳＋桂林十二日"旅游活动。杨某在从桂林前往柳州站的动车上，在寻找座位的过程中，不慎跌倒并昏迷。某旅行社导游随即前往杨某所在车厢并告知列车长，在列车长的协助下通过广播找到医生进行救治，动车抵达最近的车站，杨某被立即送往当地医院进行抢救，因病情较重，杨某经抢救无效不幸死亡。事故发生后，杨某家属以本次事故旅行社未尽到安全保障义务，要求旅行社承担本次事故死亡赔偿金、丧葬费、误工费、交通费等共计人民币75万元。

◆ 案件处理经过：

调处中心接到旅行社报案后，立即与旅行社报案人联系了解事故情况，指导旅行社第一时间协助杨某家属前往事发地处理事故善后事宜，尽量避免杨某家属情绪出现巨大波动，同时告知旅行社收集和保留出险原因证明及相关医疗材料等单证。

对于家属的诉求，调处中心在全面评估了旅行社潜在法律风险后，组织杨某家属与旅行社进行调解，但杨某家属拒不让步致调解失败。随后杨某家属先以运输合同纠纷为由将铁路公司起诉至铁路运输法院，经铁路运输法院开庭审理后，判决铁路公司承担杨某死亡 40% 的赔偿责任。随后，杨某家属又以旅游合同纠纷为由，将某旅行社起诉至法院。法院经审理认为：旅游经营者组织、接待老年人、未成年人、残疾人等旅游者，应当采取相应的安全保障措施，依据原国家旅游局颁布的《旅行社老年旅游服务规范》，判决某旅行社承担本次事故 20% 的赔偿责任。

◆ 案例启示：

因老年人体质特殊，很多对一般人来说合理的旅行强度和规划，都有可能引起突发的老年疾病，对老年人的生命健康产生不利影响，因此承办该类旅行团的旅行社应当做好临行前、旅游过程中的各项安全保障义务，在避免事故发生和完善突发事件处理上多下功夫。如加强对参团老人年龄和病史的限制，签合同前在不侵犯游客隐私的情况下尽可能地通过多种途径了解游客身体健康状况，并对游客进行评估，将旅行强度和可能带来的后果都以明示方式进行反复提醒并做好证据固定。这样既便于游客准确判断自己的身体条件是否适合参加旅行，也能为事故发生后，旅行社证明本方无责任或责任相对较小提供事实依据。要求超过 70 岁的老年人，有常见的容易引起突发疾病的老年慢性病患者，都应当严格的审核。在紧急情况处理上，旅行社应当为老年旅行团配备有经验并且熟悉常见老年疾病应急处理方案的随团导游，有条件的情形下，尽可能配备随队医生，在旅游行程中经常询问并关注老年游客的精神状态。在制订旅行线路上，选取不需要耗费太多体力的游玩景点，尽量减少体力消耗，以观赏和休闲为主，适当缩短出行时间，选择方便且不容易对老人身体产生影响的交通方式等。有计划、有步骤地提前防范风险事件发生，在提供游览导览服务的同时，保证老年人身体健康。

◆ 专家点评：

本案处理中面临两个关键性问题:《旅游法》第七十一条第二款的适用性与行业标准在司法判决中的地位。

《旅游法》第七十一条第二款规定，组团社应当对地接社、履行辅助人的过错行为承担赔偿责任，但公共交通经营者除外，因公共交通经营者原因造成旅游者人身、财产损失的，由公共交通经营者依法承担责任，旅行社应当予以协助。所谓公共交通经营者，是指对不特定人员开放，有固定班次、固定线路、固定时间的交通工具，只要乘坐人持有相应证件，支付费用，均可以乘坐该交通工具。如高铁、飞机、地铁等。但该规定是否意味着只要旅游者人伤事故发生在公共交通工具上，旅行社就一定免责了呢？答案是不尽然。《旅游法》的该条规定表明，旅行社不为公共交通经营者的过错承担责任，但并未表示旅行社不为自己的过错承担责任。旅游司法解释第七条规定，旅游经营者未尽安全保障义务，造成旅游者人身损害、财产损失的，旅游者要求旅游经营者承担责任的主张可以获得支持；因第三人行为造成旅游者人身损害的，旅行社未尽安全保障义务的，应承担相应补充责任。据此，旅行社是否承担责任，主要看其是否尽到安全保障义务。于是在本案中，游客家属就同一事故先后向高铁公司与旅行社提起诉讼后，高铁公司被判决对受害人的人身损害承担 40% 的赔偿责任，旅行社承担 20% 的赔偿责任。

法院在确认旅行社责任时，引用了《旅行社老年旅游服务规范》的内容。法院作出判决时，可依据法律、行政法规与地方性法规。《旅行社老年旅游服务规范》为行业标准，并不能作为民事审判依据。但其是在行业范围内统一的技术要求，国家鼓励从事提供旅游服务的单位和人员执行旅游标准。因此法院可以参照其确定旅行社义务，对旅行社行为进行评价。完全按照行业标准提供旅游服务，未必旅行社无责，但没有按照行业标准提供旅游服务，意味着未能按照行业范围内统一的技术要求行为，可能会因此承担相应责任。建议旅行社重视有关旅游的国家标准、行业标准，尽可能执行其相关要求。

◆ 法律法规：

1.《旅游法》

第六十二条　订立包价旅游合同时，旅行社应当向旅游者告知下列事项：

（一）旅游者不适合参加旅游活动的情形；

（二）旅游活动中的安全注意事项；

（三）旅行社依法可以减免责任的信息；

（四）旅游者应当注意的旅游目的地相关法律、法规和风俗习惯、宗教禁忌，依照中国法律不宜参加的活动等；

（五）法律、法规规定的其他应当告知的事项。

在包价旅游合同履行中，遇有前款规定事项的，旅行社也应当告知旅游者。

第七十条　旅行社不履行包价旅游合同义务或者履行合同义务不符合约定的，应当依法承担继续履行、采取补救措施或者赔偿损失等违约责任；造成旅游者人身损害、财产损失的，应当依法承担赔偿责任。旅行社具备履行条件，经旅游者要求仍拒绝履行合同，造成旅游者人身损害、滞留等严重后果的，旅游者还可以要求旅行社支付旅游费用一倍以上三倍以下的赔偿金。

由于旅游者自身原因导致包价旅游合同不能履行或者不能按照约定履行，或者造成旅游者人身损害、财产损失的，旅行社不承担责任。

在旅游者自行安排活动期间，旅行社未尽到安全提示、救助义务的，应当对旅游者的人身损害、财产损失承担相应责任。

第七十九条　旅游经营者应当严格执行安全生产管理和消防安全管理的法律、法规和国家标准、行业标准，具备相应的安全生产条件，制定旅游者安全保护制度和应急预案。

旅游经营者应当对直接为旅游者提供服务的从业人员开展经常性应急救助技能培训，对提供的产品和服务进行安全检验、监测和评估，采取必要措施防止危害发生。

旅游经营者组织、接待老年人、未成年人、残疾人等旅游者，应当采取相应的安全保障措施。

第八十一条　突发事件或者旅游安全事故发生后，旅游经营者应当立即采取必要的救助和处置措施，依法履行报告义务，并对旅游者作出妥善安排。

2.《旅行社条例》

第三十九条第一款　旅行社对可能危及旅游者人身、财产安全的事项，应当向旅游者作出真实的说明和明确的警示，并采取防止危害发生的必要措施。

3.《最高人民法院关于审理旅游纠纷案件适用法律若干问题的规定》

第七条　旅游经营者、旅游辅助服务者未尽到安全保障义务，造成旅游者人身损害、财产损失，旅游者请求旅游经营者、旅游辅助服务者承担责任的，人民法院应予支持。

因第三人的行为造成旅游者人身损害、财产损失，由第三人承担责任；旅游经营者、旅游辅助服务者未尽安全保障义务，旅游者请求其承担相应补充责任的，人民法院应予支持。

第八条　旅游经营者、旅游辅助服务者对可能危及旅游者人身、财产安全的旅游项目未履行告知、警示义务，造成旅游者人身损害、财产损失，旅游者请求旅游经营者、旅游辅助服务者承担责任的，人民法院应予支持。

旅游者未按旅游经营者、旅游辅助服务者的要求提供与旅游活动相关的个人健康信息并履行如实告知义务，或者不听从旅游经营者、旅游辅助服务者的告知、警示，参加不适合自身条件的旅游活动，导致旅游过程中出现人身损害、财产损失，旅游者请求旅游经营者、旅游辅助服务者承担责任的，人民法院不予支持。

4.《侵权责任法》

第二十六条　被侵权人对损害的发生也有过错的，可以减轻侵权人的责任。

第三十七条　宾馆、商场、银行、车站、娱乐场所等公共场所的管理人或者群众性活动的组织者，未尽到安全保障义务，造成他人损害的，应当承担侵权责任。

因第三人的行为造成他人损害的，由第三人承担侵权责任；管理人或者组织者未尽到安全保障义务的，承担相应的补充责任。

四、游客突发疾病，旅行社救助不及时，被判承担责任

◆ 案情描述：

游客周某一行 12 人参加某旅行社与某公司组织的云南六日游。团队用完早餐后，在参观过程中，讲解员竭力劝说游客品尝傣家自酿酒，游客周某作为家庭代表参与了品酒活动，并饮酒一杯半左右。随后，在后续行程中周某突感不适，并胸口疼痛，同行人员告知导游后，导游拨打了 120，但是 120 急救中心告知无车辆可以派，休息片刻后游客周某感觉已无大碍又继续旅游行程。大约 20 分钟后游客周某再次感觉不适，导游将周某送至附近的医院，经检查后医生建议至大医院进行治疗，游客家属将其送至州医院急救，但游客周某经抢救无效死亡，死亡原因为循环呼吸衰竭及胸腹痛待诊。

◆ 案件处理经过：

事故发生后，调处中心及时抵达现场了解事故详细经过，安抚家属情绪，协助旅行社进行善后处理工作。游客家属方与旅行社多次协商，对赔偿问题未能达成一致，随后，游客家属向法院提出诉讼。法院经审理后认为，原告选择侵权之诉，故案由为违反安全保障义务纠纷。

关于死亡原因的争议，因原告未对遗体进行病理解剖和死因检查，故其胸腹痛导致最终循环呼吸衰竭的死亡原因不明，原告应承担举证不利的法律后果。而旅行社方面，虽然安排了游客品尝当地村民自酿酒的互动环节，周某作为家庭代表参与了品酒活动，但其作为代表参与是由其所在"家庭"自由选出，且在互动过程中表现积极热情，说明周某对饮酒并不存在反对或抵触的情绪。至于周某因话多被讲解员罚酒致其饮酒总量比其他人多，周某作为具有完全民事行为能力的成年人，应当对自己的身体情况以及酒量有一定的认识和判断，周某当场未提出拒绝的意思且多次自愿饮酒，法院认为因不能证实在游览过程中存在讲解员强行劝说周某饮酒的行为，且无相关医学认证的前提下，不能作出饮酒行为与其后的突发疾病之间存在因果关系的诊断。

对于旅行社是否尽到告知提示义务，旅行社已在《游客出团旅游告知书》中明确"民族风情有饮酒接待远方游客的习惯和礼仪，请游客务必考虑自身的身体情况量力而行"的内容，旅行社已对游览过程中如有饮酒情况的事宜进行了事先的告知和提醒。

对于抢救措施是否积极的问题，旅行社虽然在发现周某身体不适后拨打了120急救电话，但周某并未因此得到适当的治疗或其他处理，在周某二次发病时，导游没有给予足够的重视，也没有采取更为积极有效的措施进行处理。法院最终认定，旅行社虽然在组织过程中不存在违反安全保障义务的行为，但在周某突发疾病后所采取的相关救助措施存在不及时、不到位的情况，给其后续救治造成了一定的影响，对此存在过错。游客系急性发病，事前并不能有所预料，故其死亡主要系自身疾病发展所导致，酌情判令旅行社承担20%的责任。

◆ 案例启示：

本案的争议焦点在于过错的认定，本案中旅行社一方的过错为第一次发现情况不对之后拨打120并未使当事人得到救助，这值得我们思考，安全保障义务的边界到底有多大。为尽量避免旅行社承担责任，此次事故给旅行社如下启示：首先，导游在处理类似事件时，应当抱着小症状也要当作大症状进行处理的态度，尤其是游客存在呼吸不畅、胸闷、胸口疼痛、头疼等症状时，更应当引起重视，本案中导游及时拨打120是值得鼓励的行为，在120救护车未到位的情况下，采取其他措施对周某的身体进行检查，以实现早发现早治疗的效果会更好。同时，不能因游客稍事休息之后自称好转，或游客觉得没必要，就放弃求助专业医疗机构，很多事故的发生都是因为急性病，若前期能采取恰当专业措施诊断出相关症状，对后续救治是十分有利的。若在是否联系专业医护人员上游客坚持不同意见，也应当进行合理劝说或进行相关证据收集，尽到必要的注意义务。同时本案也给旅行社提了醒，导游不能以一般性经验判断而忽略掉可能存在隐患的风险。在高强度旅行致体力精力大量消耗的情况下，一些看似平常的症状可能引发严重后果，也是本案给我们敲的警钟。

◆ 专家点评：

本案中，旅游行程中安排了游客品酒活动，游客饮酒后身体不适，经抢救无效死亡。游客死亡原因系自身健康原因还是饮酒导致，饮酒行为与死亡之间有无因果关系、饮酒时其他人有无劝酒等不当行为、旅行社是否尽到安全告知、救助等义务，均会影响到责任认定。

本案法院判决旅行社承担责任的原因在于，在周某突发疾病后所采取的相关救助措施存在不及时、不到位的情况，给其后续救治造成了一定的影响，对此存在过错，应承担相应的责任。旅行社在旅游活动中的救助义务是指旅游者遇到突发事件、意外伤害、突发疾病等危及人身、财产安全情况时，旅行社需要立即采取必要的救助措施，开展现场救护，防止旅游者伤情或病情继续恶化，营救受害旅游者。与采取安全措施义务类似，旅行社在旅游活动中采取必要的救助措施，也是其履行安全保障义务的重要内容。旅行社未依法采取救助措施，属于违反安全保障义务，造成旅游者人身损害、财产损失的，也应当承担赔偿责任。判断旅行社是否采取了必要的救助措施，需要根据个案情况、旅行社对危险的控制力及收益等因素进行综合判断。本案周某两次出现身体不适症状，如果旅行社及时采取有效救助措施，或能避免对周某突发疾病后果承担责任。对于旅游者身体出现不适或者出现病症后，尤其是貌似不严重的情况下，导游如何采取防范措施或者救助措施，值得旅行社总结。

◆ 法律法规：

1.《旅游法》

第六十二条　订立包价旅游合同时，旅行社应当向旅游者告知下列事项：

（一）旅游者不适合参加旅游活动的情形；

（二）旅游活动中的安全注意事项；

（三）旅行社依法可以减免责任的信息；

（四）旅游者应当注意的旅游目的地相关法律、法规和风俗习惯、宗教禁忌，依照中国法律不宜参加的活动等；

（五）法律、法规规定的其他应当告知的事项。

在包价旅游合同履行中，遇有前款规定事项的，旅行社也应当告知旅游者。

第七十条　旅行社不履行包价旅游合同义务或者履行合同义务不符合约定的，应当依法承担继续履行、采取补救措施或者赔偿损失等违约责任；造成旅游者人身损害、财产损失的，应当依法承担赔偿责任。旅行社具备履行条件，经旅游者要求仍拒绝履行合同，造成旅游者人身损害、滞留等严重后果的，旅游者还可以要求旅行社支付旅游费用一倍以上三倍以下的赔偿金。

由于旅游者自身原因导致包价旅游合同不能履行或者不能按照约定履行，或者造成旅游者人身损害、财产损失的，旅行社不承担责任。

在旅游者自行安排活动期间，旅行社未尽到安全提示、救助义务的，应当对旅游者的人身损害、财产损失承担相应责任。

第八十一条　突发事件或者旅游安全事故发生后，旅游经营者应当立即采取必要的救助和处置措施，依法履行报告义务，并对旅游者作出妥善安排。

2.《旅行社条例》

第三十九条第一款　旅行社对可能危及旅游者人身、财产安全的事项，应当向旅游者作出真实的说明和明确的警示，并采取防止危害发生的必要措施。

3.《最高人民法院关于审理旅游纠纷案件适用法律若干问题的规定》

第七条　旅游经营者、旅游辅助服务者未尽到安全保障义务，造成旅游者人身损害、财产损失，旅游者请求旅游经营者、旅游辅助服务者承担责任的，人民法院应予支持。

因第三人的行为造成旅游者人身损害、财产损失，由第三人承担责任；旅游经营者、旅游辅助服务者未尽安全保障义务，旅游者请求其承担相应补充责任的，人民法院应予支持。

4.《侵权责任法》

第二十六条　被侵权人对损害的发生也有过错的，可以减轻侵权人的责任。

第三十七条　宾馆、商场、银行、车站、娱乐场所等公共场所的管理人或者群众性活动的组织者，未尽到安全保障义务，造成他人损害的，应当承担侵权责任。

因第三人的行为造成他人损害的，由第三人承担侵权责任；管理人或者组织者未尽到安全保障义务的，承担相应的补充责任。

5.《最高人民法院关于审理人身损害赔偿案件适用法律若干问题的解释》

第十七条　受害人遭受人身损害，因就医治疗支出的各项费用以及因误工减少的收入，包括医疗费、误工费、护理费、交通费、住宿费、住院伙食补助费、必要的营养费，赔偿义务人应当予以赔偿。

受害人因伤致残的，其因增加生活上需要所支出的必要费用以及因丧失劳动能力导致的收入损失，包括残疾赔偿金、残疾辅助器具费、被扶养人生活费，以及因康复护理、继续治疗实际发生的必要的康复费、护理费、后续治疗费，赔偿义务人也应当予以赔偿。

受害人死亡的，赔偿义务人除应当根据抢救治疗情况赔偿本条第一款规定的相关费用外，还应当赔偿丧葬费、被扶养人生活费、死亡补偿费以及受害人亲属办理丧葬事宜支出的交通费、住宿费和误工损失等其他合理费用。

第十八条　受害人或者死者近亲属遭受精神损害，赔偿权利人向人民法院请求赔偿精神损害抚慰金的，适用《最高人民法院关于确定民事侵权精神损害赔偿责任若干问题的解释》予以确定。

精神损害抚慰金的请求权，不得让与或者继承。但赔偿义务人已经以书面方式承诺给予金钱赔偿，或者赔偿权利人已经向人民法院起诉的除外。

五、 游客猝死，旅行社承担与其履约瑕疵相适应的责任

◆ 案情描述：

某旅行社组织了厦门五日游活动。在返程的高速路上，游客梁某某（男，76岁）突发昏眩、呕吐等症状。旅行社立即拨打120，并按120建议驶往就近医疗点救治，梁某某经约30分钟抢救无效死亡。医院出具的医学死亡原因为急性心肌梗死。游客家属以旅行社未尽到旅行社安全保障义务为由要求旅行社承担赔偿责任。

◆ 案件处理经过：

调处员接到报案后即刻联系报案人了解初步情况，指导旅行社做好善后处理工作。经调查，旅行社所在地市某中学与旅行社签订了包价旅游合同，组织该校49名退休教师出游。调处员就行程安排与旅行社沟通了解，该团行程较为宽松且无高危活动，并有相关安全告知书及游客本人或家属签字确认。但是，该团行程单补充说明中明确注明"因服务能力有限，不受理75周岁及以上游客参团"。而参团游客年龄层介乎68周岁至78周岁之间，死亡游客本人也已76周岁，旅行社明显承接了超出自身接待能力范围的服务，在出团前的风险告知方面存在明显漏洞，对老年人没有提供特别的安全保障措施。鉴于此，调处中心结合事故经过、有关条款及法律法规的规定与旅行社进行了充分沟通，分析旅行社法律责任承担的依据，就责任赔偿比例与旅行社达成一致。随后调处员又与游客家属分析了事故的原因，分析了相关案例及责任承担。经过沟通，双方对事故原因和责任承担达成一致，由旅行社承担15%的赔偿责任，赔偿游客家属各项损失共计4万余元。

◆ 案例启示：

旅行社自行放弃行程中设定的参团条件，接受75周岁以上老人参团，视为旅行社变更其意思表示，与参团老人订立旅游合同。旅行社须向参团老人提供安全保障义务，充分履行安全事项告知和警示义务，询问和收集旅游者个人的健康信息；面临可能危及旅游者人身、财产安全的情况，有针对性地采取安全防范措施；旅游者受到意外伤害或突发疾病，旅行社应当在专业急救人员到达之前，提供应急救助服务，防止旅游者伤情或病情继续恶化，同时还要及时联系120等急救机构或组织，条件便利的，也可以及时送医院治疗。只有旅行社依法履行告知警示义务、采取安全防范和救助措施，才能避免在旅游者突发疾病死亡事故中被判承担责任。如果旅行社在告知警示、安全防范和救助措施等方面，没有履行或者没有全面履行法律规定及合同约定的义务，就会被判令对旅游者突发疾病死亡后果承担赔偿责任。本案中受害人突发心肌梗死，死亡原因主要与其自身身体状况有关，其对死亡后果应自担主要责任，旅行社承担与其履约瑕疵相适应的责任。

◆ 专家点评：

依法成立的合同，对当事人具有法律约束力。当事人应当按照约定全面履行自己的义务。当事人一方不履行合同义务或者履行合同义务不符合约定的，应当承担继续履行、采取补救措施或者赔偿损失等违约责任。

旅行社在提供旅游服务的同时，负有保障游客人身、财产安全的义务。旅行社未尽合理限度范围内的安全保障义务致使他人遭受人身损害的，应当承担相应的民事赔偿责任。旅行社对可能危及旅游者人身、财产安全的事项，应当向旅游者作出真实的说明和明确的警示，并采取防止危害发生的必要措施。本次旅行团成员多为老年人，旅行社在组织安排有关旅游项目时，更应充分考虑到老年人的身体状况，尽到更充分的注意和警示义务，包括对老年人身体状况的了解、旅游团随团急救用品的准备、突发情况紧急预案的制定等，并应配备具有应急救助技能的工作人员。同时，急性心肌梗死是异常凶险的心血管疾病，该病一旦发作，需要对病人进行及时、妥当的急救。

本案中，旅行社仅服务 75 周岁以下的游客，但仍然与 76 周岁的游客签订旅游合同，在并没有服务能力的前提下与游客建立合同关系，未充分加以注意，未了解游客的身体健康状况便仓促出行。在旅行过程中，事故发生之时，同行工作人员没有急救能力，也没有随行医生，仅靠拨打 120 寻求帮助，耽误了游客的最佳抢救时机，故该旅行社未尽到合理限度内的安全保障义务，对游客的死亡负有一定的责任。

游客在购买、接受旅游服务时，应当向旅游经营者如实告知与旅游活动相关的个人健康信息，遵守旅游活动中的安全警示规定。本案游客的死亡原因系急性心肌梗死，而诱发这种心源性猝死的因素可能来自多方面，如自身疾病、过度劳累、周围环境的强烈刺激等。游客作为完全民事行为能力人，在收到旅行社的行程单后，应当对自身的身体状况和旅行情况有一定的识别能力，其明知自己 76 周岁，仍参加旅游活动，最后在旅游过程中突发疾病死亡，故游客自身应对其死亡后果承担主要责任。本案处理过程中，综合多个因素，定责为旅行社需承担 15%

的责任，是相对合理的。

◆ 法律法规：

1.《旅游法》

第六十二条 订立包价旅游合同时，旅行社应当向旅游者告知下列事项：

（一）旅游者不适合参加旅游活动的情形；

（二）旅游活动中的安全注意事项；

（三）旅行社依法可以减免责任的信息；

（四）旅游者应当注意的旅游目的地相关法律、法规和风俗习惯、宗教禁忌，依照中国法律不宜参加的活动等；

（五）法律、法规规定的其他应当告知的事项。

在包价旅游合同履行中，遇有前款规定事项的，旅行社也应当告知旅游者。

第七十条 旅行社不履行包价旅游合同义务或者履行合同义务不符合约定的，应当依法承担继续履行、采取补救措施或者赔偿损失等违约责任；造成旅游者人身损害、财产损失的，应当依法承担赔偿责任。旅行社具备履行条件，经旅游者要求仍拒绝履行合同，造成旅游者人身损害、滞留等严重后果的，旅游者还可以要求旅行社支付旅游费用一倍以上三倍以下的赔偿金。

由于旅游者自身原因导致包价旅游合同不能履行或者不能按照约定履行，或者造成旅游者人身损害、财产损失的，旅行社不承担责任。

在旅游者自行安排活动期间，旅行社未尽到安全提示、救助义务的，应当对旅游者的人身损害、财产损失承担相应责任。

第七十九条 旅游经营者应当严格执行安全生产管理和消防安全管理的法律、法规和国家标准、行业标准，具备相应的安全生产条件，制定旅游者安全保护制度和应急预案。

旅游经营者应当对直接为旅游者提供服务的从业人员开展经常性应急救助技能培训，对提供的产品和服务进行安全检验、监测和评估，采取必要措施防止危害发生。

旅游经营者组织、接待老年人、未成年人、残疾人等旅游者，应当采取相应的安全保障措施。

第八十一条　突发事件或者旅游安全事故发生后，旅游经营者应当立即采取必要的救助和处置措施，依法履行报告义务，并对旅游者作出妥善安排。

2.《旅行社条例》

第三十九条第一款　旅行社对可能危及旅游者人身、财产安全的事项，应当向旅游者作出真实的说明和明确的警示，并采取防止危害发生的必要措施。

3.《最高人民法院关于审理旅游纠纷案件适用法律若干问题的规定》

第七条　旅游经营者、旅游辅助服务者未尽到安全保障义务，造成旅游者人身损害、财产损失，旅游者请求旅游经营者、旅游辅助服务者承担责任的，人民法院应予支持。

因第三人的行为造成旅游者人身损害、财产损失，由第三人承担责任；旅游经营者、旅游辅助服务者未尽安全保障义务，旅游者请求其承担相应补充责任的，人民法院应予支持。

第八条　旅游经营者、旅游辅助服务者对可能危及旅游者人身、财产安全的旅游项目未履行告知、警示义务，造成旅游者人身损害、财产损失，旅游者请求旅游经营者、旅游辅助服务者承担责任的，人民法院应予支持。

旅游者未按旅游经营者、旅游辅助服务者的要求提供与旅游活动相关的个人健康信息并履行如实告知义务，或者不听从旅游经营者、旅游辅助服务者的告知、警示，参加不适合自身条件的旅游活动，导致旅游过程中出现人身损害、财产损失，旅游者请求旅游经营者、旅游辅助服务者承担责任的，人民法院不予支持。

4.《侵权责任法》

第二十六条　被侵权人对损害的发生也有过错的，可以减轻侵权人的责任。

第三十七条　宾馆、商场、银行、车站、娱乐场所等公共场所的管理人或者群众性活动的组织者，未尽到安全保障义务，造成他人损害的，应当承担侵权责任。

因第三人的行为造成他人损害的，由第三人承担侵权责任；管理人或者组织者未尽到安全保障义务的，承担相应的补充责任。

5.《最高人民法院关于审理人身损害赔偿案件适用法律若干问题的解释》

第十七条　受害人遭受人身损害，因就医治疗支出的各项费用以及因误工减少的收入，包括医疗费、误工费、护理费、交通费、住宿费、住院伙食补助费、必要的营养费，赔偿义务人应当予以赔偿。

受害人因伤致残的，其因增加生活上需要所支出的必要费用以及因丧失劳动能力导致的收入损失，包括残疾赔偿金、残疾辅助器具费、被扶养人生活费，以及因康复护理、继续治疗实际发生的必要的康复费、护理费、后续治疗费，赔偿义务人也应当予以赔偿。

受害人死亡的，赔偿义务人除应当根据抢救治疗情况赔偿本条第一款规定的相关费用外，还应当赔偿丧葬费、被扶养人生活费、死亡补偿费以及受害人亲属办理丧葬事宜支出的交通费、住宿费和误工损失等其他合理费用。

第十八条　受害人或者死者近亲属遭受精神损害，赔偿权利人向人民法院请求赔偿精神损害抚慰金的，适用《最高人民法院关于确定民事侵权精神损害赔偿责任若干问题的解释》予以确定。

精神损害抚慰金的请求权，不得让与或者继承。但赔偿义务人已经以书面方式承诺给予金钱赔偿，或者赔偿权利人已经向人民法院起诉的除外。

六、游客突发疾病死亡，旅行社未尽安全防范义务，应承担责任

◆ 案情描述：

某旅行社组织了呼伦贝尔大草原、室韦、额尔古纳湿地、满洲里双飞品质纯玩六日游的旅游活动。团队一行人第二天早上 7 点 30 分从满洲里的酒店乘坐大巴约 2.5 小时到达呼伦贝尔大草原海拉尔，由于车辆颠簸，下车不久团队中客人陈某突然出现面色苍白等不适现象，随团参观大草原上的马队后，在草原上参观行走时突然晕倒。事发后旅行社第一时间拨打 120 急救电话，将其送往当地医院紧急治疗，但因当地医疗条件有限，陈某被送回住所地治疗，但终因病情严重死亡。

事后陈某家属向旅行社提出 50 万元的索赔请求。

◆ 案件处理经过：

在案件调解过程中，调处员经过与双方的沟通，总结出案件的争议焦点：一是旅行社有没有履行提示和告知的义务，行程安排得是否合理；二是在行程中游客出现不适的状态后，旅行社有没有相应的防范措施；三是旅行社是否尽到了救助义务。针对三点争议焦点，调处员建议双方都提供相应证据，这样更有利于对各方责任的认定，也是双方进行调解的基础。通过对证据的分析，旅行社在行程安排上过于紧促，没有足够的休息时间，在游客出现身体不适的情况下仍然坚持继续旅行，没有尽到防范和救助的义务，因此旅行社具有一定的过错，应当承担相应的赔偿责任。但是本次事故，游客死亡的原因是疾病，因此游客自身要承担主要的责任。调处员通过分析使双方明确了责任承担的情况，也降低了游客家属心理预期。同时，调处人员也针对保险情况、保险责任的承担等内容向各方做了讲解。因为游客在出游前投保了意外险，有了保险的保障也是促成调解的重要条件。最终结合证据材料，经过多次协商，双方顺利达成调解协议。旅行社赔偿陈某家属 23 万元，同时，协助陈某家属获得意外险赔偿 17.5 万元。

◆ 案例启示：

为避免对旅游者突发疾病死亡后果承担赔偿责任，旅行社应当注意以下事项：

（1）认真评估产品安全。旅行社应评估旅游行程安排是否适当，是否存在潜在损害旅游者人身安全、财产损失的情形，充分履行告知义务。旅游活动中，旅游者与旅行社之间相互的信息不对称。旅游者对可能危及自身人身、财产安全的旅游项目显然不如旅行社了解，同时旅行社对旅游者的个体状况、健康信息也不可能完全清楚。只有充分交流有关旅游安全的信息，旅行社才能判断相关旅游产品和服务能否满足保障旅游者人身、财产安全的需要，旅游者也才能判断以自身状况能否安全归来。在此基础上缔结旅游合同，才能更有效地保障旅游安全；反之，将会危及旅游者的人身、财产安全。因此，旅行社应重视告知、询问义务的履行，在告知方式、告知内容、履行期间方面遵守法律规定，保留证据，避免旅游者受到损害而承担未告知责任。

（2）及时采取安全措施。旅游活动中的安全措施大体包括旅游项目和场所的公共安全措施、旅行社应对预期危险而采取的安全措施以及旅行社应对突发情况或事件而采取的安全措施。旅行社在旅游活动中采取必要的安全措施，是其履行安全保障义务的重要内容。旅行社未依法采取安全措施，属于违反安全保障义务，造成旅游者人身损害、财产损失的，应当承担赔偿责任。旅行社是否采取了必要的安全措施，依赖于其是否遵守了法律法规的规定、旅游合同的约定以及善良管理人的标准。有法定标准或者相应行业标准，应当依照或者参照其标准，没有法定标准的情况下，应当根据合同约定、个案情况、旅行社对危险的控制力及收益等，进行综合判断。

（3）积极救助。旅行社在旅游活动中的救助义务是指旅游者遇到突发事件、意外伤害、突发疾病等危及人身、财产安全情况时，旅行社需要立即采取必要的救助措施，开展现场救护，防止旅游者伤情或病情继续恶化，营救受害旅游者。旅行社未依法采取救助措施，属于违反安全保障义务，造成旅游者人身损害、财产损失的，也应当承担赔偿责任。

◆ 专家点评：

旅游期间，旅游者在作息安排、运动强度、情绪心理等方面都有变化，兴奋、劳累交织，非常容易引发疾病，而突发疾病较易引起死亡后果，严重的人身伤害以及各方对死亡原因、责任比例认知上的差异，是导致纠纷难以通过和解或者调解方式解决的主要原因。通过对旅游者突发疾病死亡纠纷案例的分析与研究，可以发现，只有旅行社合理安排行程、依法履行告知警示义务、采取安全防范和救助措施，才可能避免在旅游者突发疾病死亡事故中被判承担责任。如果旅行社在行程安排、告知警示、安全防范和救助措施等方面，没有履行或者没有全面履行法律规定及合同约定的义务，就会被判令对旅游者突发疾病死亡后果承担赔偿责任。同时，法院确定具体责任比例时，没有明确、统一的规则可遵循，旅行社可能面临因较小的过错而被判承担较大的赔偿责任。因此，在目前，旅行社为了避免在潜在的旅游者突发疾病死亡事故中遭受损失，应当尽量做好以下几方面的工作：

（1）行程安排符合要求，具体体现为线路要安全，安排要合理，符合目标人群体质等。配备具有资质的专业人员，主要是导游、领队要有导游证。配备的医护人员，要有从医资格。

（2）充分履行安全事项告知和警示义务，询问和收集旅游者个人的健康信息。旅行社了解旅游者的健康状况，应贯穿于旅游合同签订及履行的整个过程。旅游合同签订过程中了解旅游者的健康状况，有助于旅行社评估判断所提供的服务水平和安全措施能否满足保障旅游者人身安全的需要。旅游行程中了解旅游者的健康状况，旅行社可以及时发现旅游者的身体异常，以便有针对性地采取安全防范措施。同时，旅行社要从善良管理人的角度，识别相应旅游活动涉及的安全事项，并全面告知和提示给旅游者，让旅游者知晓明了；要重视告知警示行为对防范安全事故的实质影响，而不能流于形式。旅行社如能按照前述要求了解旅游者的健康状况、告知和提示旅游安全事项，并保留好相关证据，可以认定旅行社依法履行了告知和警示义务。

（3）切实有效地采取安全防范措施。面临可能危及旅游者人身、财产安全的情况，旅行社应当有针对性地采取安全防范措施。采取安全防范措施的适当性，可以结合正常社会生活条件、旅游行业整体安全保障水平、当事旅行社经营条件及其收费水平，客观、理性地综合评定。比如，对于赴高原地区旅游的老年旅游者，住宿地点就应该安排在离医院较近的地方，以便遇有不测可以及时获得公共医疗服务。旅行社在现有条件下尽力采取了适当的安全措施，可以认定其依法履行了采取安全措施的义务。

（4）提供必要的救助和处置。旅游者受到意外伤害或突发疾病，旅行社应当在专业急救人员到达之前，提供必要的应急救助服务，防止旅游者伤情或病情继续恶化，同时还要及时联系 120 等急救机构或组织，条件便利的，也可以及时送医院治疗。适当提供救助服务，需要旅行社的导游或领队具备应急救助技能并全程随同旅游者，发生险情后能够及时赶到现场救护。旅行社采取救助措施，无须达到专业急救人员的水准，但应当符合旅游业通常的救助要求。旅游者受到意外伤害或突发疾病后，旅行社随行人员能够及时赶到现场提供旅游业通常的救助服务，可以认定旅行社依法履行了救助义务。

◆ 法律法规：

1.《旅游法》

第六十二条　订立包价旅游合同时，旅行社应当向旅游者告知下列事项：

（一）旅游者不适合参加旅游活动的情形；

（二）旅游活动中的安全注意事项；

（三）旅行社依法可以减免责任的信息；

（四）旅游者应当注意的旅游目的地相关法律、法规和风俗习惯、宗教禁忌，依照中国法律不宜参加的活动等；

（五）法律、法规规定的其他应当告知的事项。

在包价旅游合同履行中，遇有前款规定事项的，旅行社也应当告知旅游者。

第七十条　旅行社不履行包价旅游合同义务或者履行合同义务不符合约定的，应当依法承担继续履行、采取补救措施或者赔偿损失等违约责任；造成旅游者人身损害、财产损失的，应当依法承担赔偿责任。旅行社具备履行条件，经旅游者要求仍拒绝履行合同，造成旅游者人身损害、滞留等严重后果的，旅游者还可以要求旅行社支付旅游费用一倍以上三倍以下的赔偿金。

由于旅游者自身原因导致包价旅游合同不能履行或者不能按照约定履行，或者造成旅游者人身损害、财产损失的，旅行社不承担责任。

在旅游者自行安排活动期间，旅行社未尽到安全提示、救助义务的，应当对旅游者的人身损害、财产损失承担相应责任。

第七十九条　旅游经营者应当严格执行安全生产管理和消防安全管理的法律、法规和国家标准、行业标准，具备相应的安全生产条件，制定旅游者安全保护制度和应急预案。

旅游经营者应当对直接为旅游者提供服务的从业人员开展经常性应急救助技能培训，对提供的产品和服务进行安全检验、监测和评估，采取必要措施防止危害发生。

旅游经营者组织、接待老年人、未成年人、残疾人等旅游者，应当采取相应的安全保障措施。

第八十一条　突发事件或者旅游安全事故发生后，旅游经营者应当立即采取必要的救助和处置措施，依法履行报告义务，并对旅游者作出妥善安排。

2.《旅行社条例》

第三十九条第一款　旅行社对可能危及旅游者人身、财产安全的事项，应当向旅游者作出真实的说明和明确的警示，并采取防止危害发生的必要措施。

3.《最高人民法院关于审理旅游纠纷案件适用法律若干问题的规定》

第七条　旅游经营者、旅游辅助服务者未尽到安全保障义务，造成旅游者人身损害、财产损失，旅游者请求旅游经营者、旅游辅助服务者承担责任的，人民法院应予支持。

因第三人的行为造成旅游者人身损害、财产损失，由第三人承担责任；旅游经营者、旅游辅助服务者未尽安全保障义务，旅游者请求其承担相应补充责任的，人民法院应予支持。

第八条　旅游经营者、旅游辅助服务者对可能危及旅游者人身、财产安全的旅游项目未履行告知、警示义务，造成旅游者人身损害、财产损失，旅游者请求旅游经营者、旅游辅助服务者承担责任的，人民法院应予支持。

旅游者未按旅游经营者、旅游辅助服务者的要求提供与旅游活动相关的个人健康信息并履行如实告知义务，或者不听从旅游经营者、旅游辅助服务者的告知、警示，参加不适合自身条件的旅游活动，导致旅游过程中出现人身损害、财产损失，旅游者请求旅游经营者、旅游辅助服务者承担责任的，人民法院不予支持。

4.《侵权责任法》

第二十六条　被侵权人对损害的发生也有过错的，可以减轻侵权人的责任。

第三十七条　宾馆、商场、银行、车站、娱乐场所等公共场所的管理人或者群众性活动的组织者，未尽到安全保障义务，造成他人损害的，应当承担侵权责任。

因第三人的行为造成他人损害的，由第三人承担侵权责任；管理人或者组织者未尽到安全保障义务的，承担相应的补充责任。

5.《最高人民法院关于审理人身损害赔偿案件适用法律若干问题的解释》

第十七条 受害人遭受人身损害，因就医治疗支出的各项费用以及因误工减少的收入，包括医疗费、误工费、护理费、交通费、住宿费、住院伙食补助费、必要的营养费，赔偿义务人应当予以赔偿。

受害人因伤致残的，其因增加生活上需要所支出的必要费用以及因丧失劳动能力导致的收入损失，包括残疾赔偿金、残疾辅助器具费、被扶养人生活费，以及因康复护理、继续治疗实际发生的必要的康复费、护理费、后续治疗费，赔偿义务人也应当予以赔偿。

受害人死亡的，赔偿义务人除应当根据抢救治疗情况赔偿本条第一款规定的相关费用外，还应当赔偿丧葬费、被扶养人生活费、死亡补偿费以及受害人亲属办理丧葬事宜支出的交通费、住宿费和误工损失等其他合理费用。

第十八条 受害人或者死者近亲属遭受精神损害，赔偿权利人向人民法院请求赔偿精神损害抚慰金的，适用《最高人民法院关于确定民事侵权精神损害赔偿责任若干问题的解释》予以确定。

精神损害抚慰金的请求权，不得让与或者继承。但赔偿义务人已经以书面方式承诺给予金钱赔偿，或者赔偿权利人已经向人民法院起诉的除外。

第三章　交通事故案例

　　涉旅交通事故往往造成群死群伤，旅行社因此承担极高的赔偿责任，损失严重。旅责险统保示范项目受案统计显示，旅责险统保示范项目2019年度受理涉旅交通事故案件累计近216件，造成54人死亡、1531人受伤。我们从中选取2件案例，通过案件处理经过、案例启示和专家点评，为旅行社防范交通事故风险提供参考。这2起案例表明，遭遇交通事故，旅行社负有先行赔付的义务。同时，从司法实践案例中看出，在旅游合同纠纷案由下，只要发生交通事故，旅行社就会承担责任，无论其对事故本身是否有过错。因此提示旅游者投保意外伤害保险和协调车方及时赔付，是化解旅行社在旅游交通事故中赔偿责任的主要措施。

涉旅交通事故，专业调处服务化解纠纷

◆ 案情描述：

　　A旅行社组织的旅游团乘坐某公司提供的旅游大巴，行驶至青海省西宁市青海湖去往市区的路上时，与对面行驶的一小型车辆相撞，造成旅游大巴车上游客1人死亡、5人较重伤、24人轻伤、1名导游轻伤、司机轻伤的交通事故。

◆ 案件处理经过：

　　鉴于案情重大，调处中心人员在第一时间陪同行管人员及旅行社前往事发现

场，协助善后工作。根据事故情况，调处员协助制订了案件处理方案。一是本次事故是交通事故，由车方及车方保险公司人员牵头与家属进行沟通调解；二是协调当地二甲以上医院 5 家迅速安排床位，每家医院住 3~5 名伤者；三是与各方保险公司充分沟通，制定赔付预案，确保后续治疗费用不间断；四是根据游客伤情程度，制订不同处置方案。经过多方多次沟通协调，此次事故顺利解决，死者家属获得合理赔偿 80 万元，由车方保险公司承担，除伤情较重者继续治疗外，其余伤者陆续返回居住地。

◆ 案例启示：

旅行社发生重大涉旅交通事故，可能面临数百万甚至上千万元的高额赔偿，若无保险转嫁其风险责任，很容易进入破产境地。实践中，因发生重大交通事故导致旅行社被迫离开旅游业的案例并不鲜见。

规避重大交通事故风险，一方面旅行社要尽到选择合格供应商义务，所选择的旅游运输经营者应具备合法经营资质、证照齐全，旅游运输经营者应有《道路运输经营许可证》，旅游车辆要具有《道路运输证》《行驶证》及其他许可证，司机具有《驾驶证》。同时要有完善的安全管理制度和安全保障措施、应急处置预案和相关赔付制度及赔付能力。旅游中最大的安全隐患在于旅游车，只要把好旅游车安全关，旅游安全隐患就消除了大半。旅游车的安全隐患不仅在于车辆的营运资质、车辆本身车况、维护保养情况、驾驶员的资质、驾驶员的责任心等方面，还在于旅游车相关保险的额度、旅游运输经营者的赔付能力等方面。旅游车辆保险额度高、运输经营者赔付能力强，则旅行社承担赔偿责任的可能性就小。

◆ 专家点评：

交通服务是旅游活动必不可少的因素，一旦发生交通事故，往往造成游客群死群伤，损害后果极其严重。按照我国现行《旅游法》及相关司法解释的规定，发生涉旅交通事故，除旅游者乘坐公共交通工具外，旅行社一般均需要承担先行赔付的责任，然后向最终责任人追偿。对于旅游者乘坐公共交通工具发生交通事故遭受人身损害或财产损失的，虽一般由公共交通经营者依法承担赔偿责任，旅行社负有协助索赔的义务，但并不意味着旅行社任何情形都不承担责任。旅行社未尽警示、救助等安全保障义务的，也需要承担相应的补充责任。涉旅交通事故责任，成为旅行社无法回避的重大经营风险。

实践中，涉旅交通事故涉及旅行社（包括组团社、地接社等）、旅游者、履行辅助人等旅游活动的多方当事人，也可能涉及旅游活动之外的第三人，加之事故或致害因素的复杂性，各方对事故责任认定与损害赔偿，往往争议较大，容易产生纠纷。旅行社、车方投保充足额度的保险以及协调保险公司在事故处理之时介入，及时启动预付、垫付程序，对于交通事故的及时解决至关重要。

◆ 法律法规：

1.《旅游法》

第七十条　旅行社不履行包价旅游合同义务或者履行合同义务不符合约定的，应当依法承担继续履行、采取补救措施或者赔偿损失等违约责任；造成旅游者人身损害、财产损失的，应当依法承担赔偿责任。旅行社具备履行条件，经旅游者要求仍拒绝履行合同，造成旅游者人身损害、滞留等严重后果的，旅游者还可以要求旅行社支付旅游费用一倍以上三倍以下的赔偿金。

由于旅游者自身原因导致包价旅游合同不能履行或者不能按照约定履行，或者造成旅游者人身损害、财产损失的，旅行社不承担责任。

在旅游者自行安排活动期间，旅行社未尽到安全提示、救助义务的，应当对旅游者的人身损害、财产损失承担相应责任。

第七十一条　由于地接社、履行辅助人的原因导致违约的，由组团社承担责任；组团社承担责任后可以向地接社、履行辅助人追偿。

由于地接社、履行辅助人的原因造成旅游者人身损害、财产损失的，旅游者可以要求地接社、履行辅助人承担赔偿责任，也可以要求组团社承担赔偿责任；组团社承担责任后可以向地接社、履行辅助人追偿。但是，由于公共交通经营者的原因造成旅游者人身损害、财产损失的，由公共交通经营者依法承担赔偿责任，旅行社应当协助旅游者向公共交通经营者索赔。

2.《最高人民法院关于审理旅游纠纷案件适用法律若干问题的规定》

第七条 旅游经营者、旅游辅助服务者未尽到安全保障义务，造成旅游者人身损害、财产损失，旅游者请求旅游经营者、旅游辅助服务者承担责任的，人民法院应予支持。

因第三人的行为造成旅游者人身损害、财产损失，由第三人承担责任；旅游经营者、旅游辅助服务者未尽安全保障义务，旅游者请求其承担相应补充责任的，人民法院应予支持。

第十四条 因旅游辅助服务者的原因造成旅游者人身损害、财产损失，旅游者选择请求旅游辅助服务者承担侵权责任的，人民法院应予支持。

旅游经营者对旅游辅助服务者未尽谨慎选择义务，旅游者请求旅游经营者承担相应补充责任的，人民法院应予支持。

3.《侵权责任法》

第三十七条 宾馆、商场、银行、车站、娱乐场所等公共场所的管理人或者群众性活动的组织者，未尽到安全保障义务，造成他人损害的，应当承担侵权责任。

因第三人的行为造成他人损害的，由第三人承担侵权责任；管理人或者组织者未尽到安全保障义务的，承担相应的补充责任。

二、境外交通事故，旅责险先行赔偿解决纠纷

◆ 案情描述：

某旅行社组织了"琅勃拉邦＋万荣奇遇邂逅六日游"的旅游活动。在旅游过程中，团队游客孙某、鲜某在乘坐由旅行社安排的旅游车辆前往光西瀑布的路上发生交通事故。事故发生后，旅行社工作人员第一时间将孙某、鲜某送往当地医院紧急就医，并于第二天返回境内住所地医院进行住院治疗。治疗结束后，孙某、鲜某家属向旅行社提出了70万元人民币的赔偿要求。

◆ 案件处理经过：

针对此案具体情况和游客家属诉求，调处员首先与旅行社负责人进行了充分沟通，对本次案件的双方责任及赔偿诉求进行了调查核实和风险评估。经调查，本次旅行社与游客签订的旅游合同真实有效、事实清楚。本次事故受伤的两名游客均为未成年人，本次事故孙某、鲜某依法应获得的赔偿项目包括医疗费、护理费、住院伙食补助费、后续治疗费、残疾赔偿金、交通费等应予以支持。对于游客方过高的诉求，调处员依据人身损害相关法律法规及保险条款逐一向孙某、鲜某家属解释说明，分析了同类案例，降低了家属的期望值，逐步将游客的诉求降至合理。经过调处员与孙某、鲜某家属的耐心解答，孙某、鲜某家属和某旅行社最终达成一次性赔偿协议，某旅行社赔偿两人各项损失共计 15 万余元，由某旅行社投保的旅责险先行赔付。

◆ 案例启示：

在旅游过程中，交通事故还是最为多发的。旅行社在选择旅游运输公司合作时，应遴选具有合法经营资质、接待服务能力强的运输公司、车辆与司机，选择保险齐全且保险额度高的运输公司，并与之签订合作协议，在合作协议中明确约定双方的权利、义务和责任。

诉讼方式解决旅游纠纷，耗时长、成本高、牵扯精力大，且易导致旅行社与游客关系恶化等，对旅行社来说不是好的解决方式。旅责险统保示范项目调处机制的介入，可以协调旅游车方启动责任险，及时启动人身意外险的赔付。但调处工作的顺利与否，与各合作主体的责任承担能力、保险情况息息相关。在各合作主体保险齐全且额度充足的情况下，调解工作便于进行。旅行社要重视经营中各个环节的保险，投保适当的责任险、选择责任保险额度高的旅游车公司，充分提示旅游者投保人身意外伤害保险，以防范较大责任事故对其经营造成的不利影响。

◆ 专家点评：

　　旅游者境外乘坐旅游车辆时发生交通事故，旅游者没有过错情形下，无论是旅游车辆经营者还是第三方的过错，通常旅游者会要求组团社承担赔偿责任，一般都能获得法院支持。因此旅行社通过与受害人和解或者在第三方主持下达成调解协议，并在旅责险保险公司获得理赔，既节约成本又节省精力，更有利于化解矛盾，不失为好的解决方式。旅游过程中发生重大交通事故，伤亡人数、损害后果、赔偿金额、社会影响较大，单凭旅行社一己之力很难应对，旅行社责任险是分散风险、转嫁损失的重要抓手。旅行社责任险统保示范项目在解决该复杂纠纷中发挥了举足轻重的作用，利用其在专业领域、综合资源、协调机制方面的优势，妥善解决了善后处理与赔偿事宜，及时化解了矛盾，充分彰显其能起到为旅行社转嫁风险、保驾护航的作用。

　　根据《旅游法》相关规定，由于地接社、履行辅助人的原因导致旅行社违约的，由组团社承担责任。由于地接社、履行辅助人的原因造成旅游者人身损害、财产损失的，旅游者可以要求地接社、履行辅助人承担赔偿责任，也可以要求组团社承担赔偿责任。此时发生请求权竞合，旅游者可以选择提起侵权之诉或违约之诉。旅行社承担赔偿责任后，根据旅行社责任保险统保示范项目条款的约定，在被保险人组织、接待的旅游活动中发生交通事故的，保险人按照保险合同的约定负责赔偿，旅行社的赔偿责任在保险责任范围内可以转嫁给保险公司。依据前述，旅行社审慎选择承运方，关注承运方的资质、安全保障能力及其责任险额度，同时足额投保旅行社责任险，是其化解涉旅交通事故责任的重要措施。

◆ 法律法规：

1.《旅游法》

第六十二条　订立包价旅游合同时，旅行社应当向旅游者告知下列事项：

（一）旅游者不适合参加旅游活动的情形；

（二）旅游活动中的安全注意事项；

（三）旅行社依法可以减免责任的信息；

（四）旅游者应当注意的旅游目的地相关法律、法规和风俗习惯、宗教禁忌，依照中国法律不宜参加的活动等；

（五）法律、法规规定的其他应当告知的事项。

在包价旅游合同履行中，遇有前款规定事项的，旅行社也应当告知旅游者。

第七十条　旅行社不履行包价旅游合同义务或者履行合同义务不符合约定的，应当依法承担继续履行、采取补救措施或者赔偿损失等违约责任；造成旅游者人身损害、财产损失的，应当依法承担赔偿责任。旅行社具备履行条件，经旅游者要求仍拒绝履行合同，造成旅游者人身损害、滞留等严重后果的，旅游者还可以要求旅行社支付旅游费用一倍以上三倍以下的赔偿金。

由于旅游者自身原因导致包价旅游合同不能履行或者不能按照约定履行，或者造成旅游者人身损害、财产损失的，旅行社不承担责任。

在旅游者自行安排活动期间，旅行社未尽到安全提示、救助义务的，应当对旅游者的人身损害、财产损失承担相应责任。

第七十一条　由于地接社、履行辅助人的原因导致违约的，由组团社承担责任；组团社承担责任后可以向地接社、履行辅助人追偿。

由于地接社、履行辅助人的原因造成旅游者人身损害、财产损失的，旅游者可以要求地接社、履行辅助人承担赔偿责任，也可以要求组团社承担赔偿责任；组团社承担责任后可以向地接社、履行辅助人追偿。但是，由于公共交通经营者的原因造成旅游者人身损害、财产损失的，由公共交通经营者依法承担赔偿责任，旅行社应当协助旅游者向公共交通经营者索赔。

第八十一条　突发事件或者旅游安全事故发生后，旅游经营者应当立即采取必要的救助和处置措施，依法履行报告义务，并对旅游者作出妥善安排。

2.《旅行社条例》

第三十九条第一款　旅行社对可能危及旅游者人身、财产安全的事项，应当向旅游者作出真实的说明和明确的警示，并采取防止危害发生的必要措施。

3.《最高人民法院关于审理旅游纠纷案件适用法律若干问题的规定》

第七条　旅游经营者、旅游辅助服务者未尽到安全保障义务，造成旅游者人身损害、财产损失，旅游者请求旅游经营者、旅游辅助服务者承担责任的，人民法院应予支持。

因第三人的行为造成旅游者人身损害、财产损失，由第三人承担责任；旅游经营者、旅游辅助服务者未尽安全保障义务，旅游者请求其承担相应补充责任的，人民法院应予支持。

第八条　旅游经营者、旅游辅助服务者对可能危及旅游者人身、财产安全的旅游项目未履行告知、警示义务，造成旅游者人身损害、财产损失，旅游者请求旅游经营者、旅游辅助服务者承担责任的，人民法院应予支持。

旅游者未按旅游经营者、旅游辅助服务者的要求提供与旅游活动相关的个人健康信息并履行如实告知义务，或者不听从旅游经营者、旅游辅助服务者的告知、警示，参加不适合自身条件的旅游活动，导致旅游过程中出现人身损害、财产损失，旅游者请求旅游经营者、旅游辅助服务者承担责任的，人民法院不予支持。

4.《最高人民法院关于审理人身损害赔偿案件适用法律若干问题的解释》

第十七条　受害人遭受人身损害，因就医治疗支出的各项费用以及因误工减少的收入，包括医疗费、误工费、护理费、交通费、住宿费、住院伙食补助费、必要的营养费，赔偿义务人应当予以赔偿。

受害人因伤致残的，其因增加生活上需要所支出的必要费用以及因丧失劳动能力导致的收入损失，包括残疾赔偿金、残疾辅助器具费、被扶养人生活费，以及因康复护理、继续治疗实际发生的必要的康复费、护理费、后续治疗费，赔偿义务人也应当予以赔偿。

受害人死亡的，赔偿义务人除应当根据抢救治疗情况赔偿本条第一款规定的相关费用外，还应当赔偿丧葬费、被扶养人生活费、死亡补偿费以及受害人亲属办理丧葬事宜支出的交通费、住宿费和误工损失等其他合理费用。

第十八条　受害人或者死者近亲属遭受精神损害，赔偿权利人向人民法院请求赔偿精神损害抚慰金的，适用《最高人民法院关于确定民事侵权精神损害赔偿责任若干问题的解释》予以确定。

精神损害抚慰金的请求权，不得让与或者继承。但赔偿义务人已经以书面方式承诺给予金钱赔偿，或者赔偿权利人已经向人民法院起诉的除外。

5. 最高人民法院关于适用《中华人民共和国保险法》若干问题的解释（四）

第十九条　责任保险的被保险人与第三者就被保险人的赔偿责任达成和解协议且经保险人认可，被保险人主张保险人在保险合同范围内依据和解协议承担保险责任的，人民法院应予支持。

被保险人与第三者就被保险人的赔偿责任达成和解协议，未经保险人认可，保险人主张对保险责任范围以及赔偿数额重新予以核定的，人民法院应予支持。

第四章 附加险旅程延误、取消案例

旅程延误／取消风险也是造成旅行社经营损失的主要风险之一。旅责险统保示范项目受案统计显示，旅责险统保示范项目2019年度受理旅程延误／取消案件累计近2723件，涉案旅行社共计损失约为1541万元，仅次于旅游意外伤害事件给旅行社造成的经济损失。我们从中选取旅行社工作人员失误致行程延误的2件案例，通过案件处理经过、案例启示和专家点评，为旅行社防范旅程延误／取消风险提供参考。这2起案例表明，旅行社应重视对从业人员的培训，严格流程管理，尽量避免因人为因素给旅行社带来不必要的损失，同时投保旅程延误、取消附加险，可以有效化解旅行社因此所受的经济损失。

领队证件过期致延误，加强人员管理防风险

◆ 案情描述：

某旅行社组织16名游客前往台湾旅游，领队到机场后发现自己的台湾通行证已过期，导致团队无法如期出发，整团延期一天改乘次日航班飞往台湾，产生机票、住宿、交通费用损失共计1万余元。

◆ 案件处理经过：

调处员接到报案后，指导旅行社对理赔材料进行收集，并及时与保险公司沟通案件。调处中心协助旅行社整理索赔材料，并协助旅行社向保险公司提出索赔。该案证据链完整充分且游客核实无误，保险公司赔偿机票损失以及当天产生的食宿费用合计1万余元。

◆ 案例启示：

旅行社工作人员要以行业专家的注意标准履行合同，所提供的信息是专业途径才能获取的信息，对法律法规、政策管制、商业价格、供应商渠道等都要高于普通人的了解程度。本案中领队自身出行证件过期，连普通人的注意义务标准都没有达到，因此导致的损失属于违约造成损失，旅游经营者应当承担违约责任。因此违约行为造成的损失，应有书面材料证明，包括费用支出票据、供应商不退款声明等。不能提供书面证明的，不视为发生损失，不能获赔。

◆ 专家点评：

《旅游法》第三十六条规定，旅行社组织团队出境旅游或者组织、接待团队入境旅游，应当按照规定安排领队或者导游全程陪同。据此，缺失领队将导致团队出境受阻，领队无法正常出行会影响到全团行程安排。本案因领队自身证件过期导致整团无法如期出行，领队具有过错，领队行为为职务行为，视为旅行社过失，旅行社应向旅游者承担违约责任。因延期造成的交通、住宿、机票损失，旅行社应自行承担赔偿责任。依据旅责险统保示范项目附加险"旅程延误保险"的保险条款，旅程延误保险的保险责任包括被保险人管理不善等可归责于被保险人的过失，包括但不限于拒签、出境受阻等。本案属于因旅行社过失导致的出境受阻，旅行社可就其损失按照保险合同约定向保险公司申请赔偿。

◆ **法律法规：**

1.《旅游法》

第三十六条　旅行社组织团队出境旅游或者组织、接待团队入境旅游，应当按照规定安排领队或者导游全程陪同。

第七十条　旅行社不履行包价旅游合同义务或者履行合同义务不符合约定的，应当依法承担继续履行、采取补救措施或者赔偿损失等违约责任；造成旅游者人身损害、财产损失的，应当依法承担赔偿责任。旅行社具备履行条件，经旅游者要求仍拒绝履行合同，造成旅游者人身损害、滞留等严重后果的，旅游者还可以要求旅行社支付旅游费用一倍以上三倍以下的赔偿金。

由于旅游者自身原因导致包价旅游合同不能履行或者不能按照约定履行，或者造成旅游者人身损害、财产损失的，旅行社不承担责任。

在旅游者自行安排活动期间，旅行社未尽到安全提示、救助义务的，应当对旅游者的人身损害、财产损失承担相应责任。

2.《侵权责任法》

第三十四条　用人单位的工作人员因执行工作任务造成他人损害的，由用人单位承担侵权责任。

劳务派遣期间，被派遣的工作人员因执行工作任务造成他人损害的，由接受劳务派遣的用工单位承担侵权责任；劳务派遣单位有过错的，承担相应的补充责任。

二、未合理安排行程导致延误，旅行社承担巨额损失

◆ **案情描述：**

某旅行社组织游客前往泰国旅游，按照行程安排，旅游团应从深圳湾前往香港，由香港再飞往泰国曼谷。导游带领团队在深圳湾通关时，因口岸人员较多，

未能及时通关，导致整个团队未能按时登机，游客滞留在机场。旅行社为减少损失，与航空公司协商将机票改签，并安排了游客在香港市区游览。为此旅行社产生机票改签费、住宿费、餐费、车费、导游费等损失共计 31 万余元。

◆ **案件处理经过：**

调处员接到报案后第一时间与报案人联系并询问事件经过，指导旅行社及时联系领队，做好游客安抚工作，做好案件索赔材料收集，积极采取合理、必要措施减少损失。待团队行程结束后，调解员前往旅行社协助收集索赔材料，经过调处员的沟通协调，最终，旅行社承担的机票改签费用、延误后的食宿费用、往返交通费用共计 20 万元获得赔偿。

◆ **案例启示：**

从规范经营的角度，旅行社应重视对从业人员的培训，加强从业人员责任心，严格流程管理。本案中因为随团导游履职不当，未能合理、灵活安排团队出行时间导致旅程延误，导致旅行社违约，旅行社应当承担相应的违约责任。旅行社的工作人员失误导致的经济损失是完全可以避免的，旅行社应当对员工进行培训，加强员工的责任意识，建立适当的奖惩机制，加强对员工的管理，尽量避免因此种人为因素给旅行社带来不必要的损失。

◆ **专家点评：**

旅游活动中因发生意外导致旅程延误事件时有发生，除却链条长、环节多、受环境影响较大触发延误外，旅行社人员或者受旅行社委托实施法律行为人员亦常因疏忽大意或过错行为导致旅程延误。例如对于联程机票或者中转机票的时间安排问题，如未合理配置时间，时间安排过于紧凑，可能出现旅游者转乘时延误航班情形；还要考虑到出发航班延误问题，需事先留出合理时间，避免因出发航班延误导致的转乘延误问题。如果非旅游者原因导致其未赶上中转航班，旅行社可能会被要求承担相应责任。还有因旅行社工作人员失误填错身份证号码或者其他信息导致出境受阻，对于延误期间的食宿、交通费用，旅行社需要承担。以上各种损失，均属于旅行社过错，从规范经营的角度，旅行社应重视对从业人员的培训，加强从业人员责任心，严格流程管理。

◆ 法律法规：

1.《旅游法》：

第三十六条　旅行社组织团队出境旅游或者组织、接待团队入境旅游，应当按照规定安排领队或者导游全程陪同。

第七十条　旅行社不履行包价旅游合同义务或者履行合同义务不符合约定的，应当依法承担继续履行、采取补救措施或者赔偿损失等违约责任；造成旅游者人身损害、财产损失的，应当依法承担赔偿责任。旅行社具备履行条件，经旅游者要求仍拒绝履行合同，造成旅游者人身损害、滞留等严重后果的，旅游者还可以要求旅行社支付旅游费用一倍以上三倍以下的赔偿金。

由于旅游者自身原因导致包价旅游合同不能履行或者不能按照约定履行，或者造成旅游者人身损害、财产损失的，旅行社不承担责任。

在旅游者自行安排活动期间，旅行社未尽到安全提示、救助义务的，应当对旅游者的人身损害、财产损失承担相应责任。

2.《侵权责任法》

第三十四条　用人单位的工作人员因执行工作任务造成他人损害的，由用人单位承担侵权责任。

劳务派遣期间，被派遣的工作人员因执行工作任务造成他人损害的，由接受劳务派遣的用工单位承担侵权责任；劳务派遣单位有过错的，承担相应的补充责任。

责任编辑：谯　洁
责任印制：冯冬青
封面设计：中文天地

图书在版编目（CIP）数据

2019 年度旅行社业风险蓝皮书 / 江泰保险经纪股份
有限公司编．-- 北京：中国旅游出版社，2020.11
　　ISBN 978-7-5032-6597-6

　　Ⅰ．① 2… Ⅱ．①江… Ⅲ．①旅行社－风险管理－研
究报告－中国－ 2019 Ⅳ．① F592.61

中国版本图书馆 CIP 数据核字 (2020) 第 197919 号

书　　名：2019 年度旅行社业风险蓝皮书

作　　者：江泰保险经纪股份有限公司编
出版发行：中国旅游出版社
　　　　　（北京静安东里 6 号　邮编：100028）
　　　　　http://www.cttp.net.cn　E-mail:cttp@mct.gov.cn
　　　　　营销中心电话：010-57377108，010-57377109
　　　　　读者服务部电话：010-57377151
排　　版：北京旅教文化传播有限公司
经　　销：全国各地新华书店
印　　刷：三河市灵山芝兰印刷有限公司
版　　次：2020 年 11 月第 1 版　2020 年 11 月第 1 次印刷
开　　本：720 毫米 ×970 毫米　1/16
印　　张：13.5
字　　数：211 千
定　　价：78.00 元
ＩＳＢＮ　　978-7-5032-6597-6